浜に続く小道を歩く。向こうに翡翠色に輝く海が見えてくる。来てよかった……そう思う一瞬。沖縄の週末旅がはじまる（波照間島）

日が西に傾き、ポニーも浜遊び。島にはほかに行くところがないものなぁ（波照間島）

沖縄にはヤギが多い。なかにはお手をする奴がいてもおかしくない（波照間島）

島の道を自転車で進む。痛いほどの日射し。サトウキビ畑を抜ける風が汗を乾かしてくれる。こんな島の午後が好きだ（波照間島）

東の夜空に天の川がまるで雲のように現れた。波照間島では、南十字星もはっきりと見える。人の住む島では日本最南端の贅沢

市場でおばぁが踊る。おばさんが三線を弾きはじめる。店に三線が置いてある。沖縄だなぁ（那覇・栄町市場）

石垣港に具志堅用高の像。波照間行きの船に乗ろうとすると、必ず目に入る

沖縄の標語は秀逸。これは正直さが笑いを誘う逸品（石垣島）

沖縄のシーサーも秀逸。これは貝で笑いをとる逸品（波照間島）

那覇の栄町市場は夜になると、路地に沿った小さな飲み屋が次々にオープンする。ここはビールひと缶200円。安さは市場の伝統ということか

週末沖縄でちょっとゆるり

下川裕治　　写真・阿部稔哉

朝日文庫

本書は書き下ろしです。

週末沖縄でちょっとゆるり●目次

地図／フジ企画

はじめに

沖縄は輝いている。

最近、そう思う。

翡翠《ひすい》色の海の話ではない。ウチナーンチュと呼ばれる沖縄の人々の顔である。

本土から眺めると、沖縄は弱さが目立つ。歴史やアメリカ軍基地の問題、給料の安さ……といった現実を見せつけられると、沖縄という島には、解決が難しいことが山ほど詰まっているような気になる。

本土の人々の裡《うち》には、レベルの違いこそあれ、恵まれない島々という意識が横たわっている。戦争の犠牲になった島という加害者意識がそこに拍車をかける。

しかしLCC（格安航空会社）が那覇空港に着き、甘い沖縄の風を肺に入れたとたん、その意識が霧散していってしまう。あの風には、人の心を軽くする媚薬が入っているような気にもなる。

日本の地方都市は疲弊している。駅前に人通りは少なく、老人の姿が目立つ。しかし沖縄にはそれがない。おばぁはあきれるほど元気で、路地を歩くと、わけもなく子供がわらわらと現れる。本土の人々の感覚では、ふたりの子供を育てるのは大変そうな給料に映るのだが、三人や四人の子供を持つウチナーンチュを何人も知っている。彼らのどこが弱者なのかと首を捻ってしまう。

それは大衆食堂のテーブルが雄弁に語っているのかもしれない。取材に同行した阿部稔哉カメラマンが、こんな話をする。

「大衆食堂でカレーライスを頼んだんです。そうしたら、天ぷら、サラダ、漬物、お吸い物までついてきたんです。カレーライス定食じゃないですよ。ただのカレーライス。普通、カレーライスに天ぷら、つけます?」

それが「シーブン」と沖縄では呼ばれる「おまけ文化」の所産だとはわかっているが、沖縄の経済力は脆弱なのだ。そして肥満度はぐんぐんあがり、平均寿命が短くなっていることもウチナーンチュは知っている。しかしそんな現実をものともせず、「あの店のシーブンはうまいさー」などと満足げに笑うのだ。

沖縄の人々は頑固である。

本土の人がなにをいっても、自分たちの流儀を曲げないようなところがある。聞いているようなふりをしながら、気がつくと、沖縄の流儀で進めている。「シーブン」もそうだが、基地の問題にしても、沖縄のやり方に落としこまれていく。翻弄されているのは、僕ら本土の人間ではないか……そう思うことすらある。それが琉球王国から引き継がれた血らしい。したたかさを失わず、それをおくびにも出さず、

「またいらっしゃいねー」

と笑顔で見送ってくれる。ちょっと疲れた本土の人々は、そんな沖縄スタイルにとろけていく。

年に数回の割合で沖縄に通い続ける日々は二十年以上になる。その間にわかってきたこともあるが、さらなる深みも南の島は用意しているようにも見える。

実は明日、僕は沖縄に向かう。沖縄がいちばん暑くなる時期だ。沖縄に行く前の、ちょっとした高揚感。それは二十年前と変わらない。やはり沖縄はしたたかである。

第七章のコザは、昔からの知り合いである仲村清司氏に寄稿してもらった。第八章と第九章は、沖縄に通いつめる沖縄フリークと沖縄在住の人に原稿を書いていただいた。写真のほとんどは、阿部稔哉カメラマンの撮りおろしである。第七章以降

は、それぞれの筆者の撮った写真を使わせてもらった。

出版にあたり、朝日新聞出版の大原智子さんのお世話になった。

二〇一四年六月

下川裕治

週末沖縄でちょっとゆるり

第一章 沖縄そば

食べるそばを求めて
国道58号を北上する

ひとつの不満……。

誰に向けることもできないわだかまりだから始末が悪い。泡盛に唐辛子を漬け込んだコーレーグースをかけ、七味唐辛子をぱらぱらと振り、麺をつまんで、ひと口啜《すす》る。つるりとした食感。豚骨スープの優しい風味。

「まずいわけ?」

「いや、おいしい」

「じゃあ、いいじゃない」

そういわれると返す言葉がない。確実に進化していると思う。スープは透明度を増してきている気がする。カツオだしの味を売りものにしている店もある。沖縄ではフーチバーというヨモギを、自由に麺の上に載せることができる店もある。煮込んだトマトを入れ、その酸味が心地いい味を演出している店もある。食通ではないし、そもそも、ふらっと入った食堂で注文するものだと思っているから、オリジナリティに食指が動くわけではない。しかし、街角のなにげない店に入っても、その風合いは変わってきている。その進化の前で、腕を組んでしまうのだ。

沖縄そばである。

沖縄を訪ねた人は必ずといっていいほど口にする。沖縄の人々もよく食べる。県民食といっていいのかもしれない。観光客の多くは、まず那覇にある沖縄そばの店のテーブルにつくのだろうか。何回か通うリピーターたちは、その味に沖縄を実感していく……。

しかしなにかが違う。十年前、いや二十年前、那覇で食べていた沖縄そばは少しずつ姿を消し、別の方向をめざしている気がする。それは進化である。退化ではない。だから文句はいえないのだが、収まりのつかないなにかが、丼のなかに残ったスープのように僕のなかでは横たわっている。

これは沖縄そばではない。

心のなかでそう呟《つぶや》いてしまうことが多いのだ。

一度、沖縄市からやってきた知人と、沖縄そばの専門店に入った。ゆいレールの美栄橋駅に近い店だった。沖縄の民家をほうふつとさせる内装の店で、バンダナを頭に巻いた女性店員がきびきびと働いていた。麺は手打ちで、かん水の代わりに木炭水を使っているとメニューに書かれていた。沖縄そばを注文した。テーブルに置かれた沖縄そばを前に、知人の視線は宙を泳いだ。

「こ、これ沖縄そばですか?」

僕も同じ思いだった。はじめて入った店だった。いつも泊まるホテルが近くにあり、この店の前を通るたびに気になっていたのだ。

沖縄市からやってきた知人は麺を啜った。

「硬いですね、この麺。これがコシってものなんですか」

そうなのだ。ガイドブックにもよく登場するような沖縄そば専門店のそばは硬いのだ。これにはいつも違和感が残った。

はじめて沖縄そばを食べたのは、三十年以上前である。石垣島だったか、那覇だったか、記憶はおぼろげである。石垣島のそばは正確には八重山そばというから、沖縄そばというのは語弊がある。しかし当時の僕は、沖縄そば初心者だった。

しかしそのそばを食べたとき、僕のなかのそば回路がつながった。九州から弧を描くように連なる沖縄の島々を経て、台湾に至り、そして中国大陸へと至る道筋だった。

東の端は日本のそばである。そば粉を使っている。このそばの食べ方は、荒食いといわれるそうだ。ざるそばはその典型だろう。麺をつゆに少しつけ、ズズーッと音をたてて啜る。その食べ方の荒々しさが江戸の粋《いき》にも通じていた。ところが台湾や上海に行くと、そばという概念がかなり違ってくる。啜るのではなく、食べる麺になる。牛肉麺は麺にややコシがあるが、それ以外の麺になると、コシは消える。麺は微妙な軟らかさで、気がつくと、嚙んでいる。台湾や中国では、朝食にそばを食べることは珍しくない。消化がよさそうな麺だから、朝食に合うわけだ。日本そばやラーメンはそういうわけにはいかない。

最近は東南アジアから日本にやってくる観光客が多い。僕は足かけ二年も暮らしたことがあるため、タイ人の知人は多い。彼らと朝、待ち合わせると、「ラーメンが食べたい」という。ラーメン屋はタイのバンコクにも多く、日本のラーメンはさぞや……と目が輝いている。

「すいません。日本では朝、ラーメンを食べないんです。開いている店もほとんどないんです」

そういうと、彼らは離島に向かう船に乗り遅れてしまったような悲しい顔をする。朝にラーメンを食べ、昼に寿司、夕食に天ぷらといった日本食計画が最初から崩れてしまう。タイの麺も軟らかい。朝食に食べることは珍しくないのだ。

中国から東南アジアにかけては、そんな麺文化が定着している。日本とアジア——。沖縄はその中間に位置している。本土にいるつもりで人に会う約束をすると、その時刻に一時間も遅れて姿を見せる。沖縄時間《ウチナータイム》である。その時間感覚は東南アジアとそっくりなのだ。ところが沖縄の離島から来た人がよく泊まる那覇のホテルで、朝食に白いご飯とみそ汁、漬物が出てきたりする。

「沖縄の朝食はこういうものですよ」

みそ汁はカツオだしが強く利いていて、そのあたりに沖縄が漂っているぐらいだ。沖縄そばは、日本のそばやラーメンとは違っていた。しかし、中国圏や東南アジアの麺に比べると、日本のそばの顔をしていた。僕のなかでつながった回路とはそういうことだった。それぞれのエリアに根づいた麺料理だが、沖縄のそれには、中国や東南アジアが潜んでいた。

沖縄そばのなかのアジア……。それは啜るのではなく、食べるという感覚だった。はじめて食べた沖縄そばは、一見、日本のそばの顔をしていたが、箸で麺をつまみ、口のなかに入れたあと、僕はご飯を食べるように嚙んでいたのだ。麺はつるつると啜ることが難しかった。ぷつん、ぷつんとちぎれ、もそもそとしていた。それが僕のなかの沖縄そばだった。食べる感覚のなかに、アジアがあった。日本とアジアのなかほどにある沖縄を確認していたのだ。

それから三十年の年月が流れた。僕は沖縄に行くたびに、ぼんやりと沖縄そばを食べていたのだが、気がつくと、那覇で食べる沖縄そばは啜るそばに変わっていた。東京のそばから沖縄そばまでの道のりは、以前に比べれば、ずいぶん平坦になっていたのだろう。しかし、体のなかに少しずつ蓄積される花粉のように、小さな不満が澱《おり》のように溜まっていった気がする。そしてある年、突然に鼻水や涙が出はじめる花粉症患者のように、沖縄そばの前で小さな拒絶の思いに駆りたてられるのだ。

しかし断っておくが、沖縄そばがまずくなったわけではない。むしろその逆である。着実に進化しているように、本土の人間である僕には映る。食べやすくなってきているし、その味にも納得できる。だがいまの沖縄そばの前で立ち竦《すく》む。その思いは、昔の沖縄そばを懐かしむ感覚とも違う。いまの沖縄そばは、沖縄のそばではないという違和感である。

腰を据えて、沖縄そばを食べてみるしかない気がした。いつもは漫然と箸を動かしているが、もう少し味を噛みしめ、麺の硬さを吟味し、スープの色や味のなかの沖縄を探っていく。自分のなかの沖縄そばを探す旅でもある。

たまたま四日間、沖縄本島に滞在することになった。朝の起きぬけに沖縄そば……

というのはやや辛いから、昼食と夜の食事を沖縄そばで染めることを心に誓う。合計八食である。

自分でそう覚悟しながら、那覇へ向かうとき、気分は重かった。沖縄そばは好きなのだが、最近、その油や肉が応えるのだ。最もシンプルな沖縄そばは、煮込んだ三枚肉が三枚と、かまぼこが載ったタイプである。「三枚肉」とか、「沖縄そば」、ときには、「そば」とだけ壁に貼られた短冊型のメニューに書かれているそばである。沖縄の那覇に滞在するとき、必ず一回は食べるのだが、この一回で終わってしまうことは多い。三枚肉は、ラーメンにあてはめれば、チャーシューに相当する。それが一センチほどの厚さで二、三枚も載っているのだ。間もなく六十歳という胃にはかなり重いのだ。肉の量でいえば、これが最も少なく、煮込んだ豚足を載せたてびちそばなどとなると、そのボリュームはさらにアップする。そばを食べているのか、肉を食べているのかわからなくなってくる。困ったことに、沖縄そばには、そばだけという、いってみれば素《す》そばというメニューがまずない。これを一日二食、四日連続……。これはなかなかの修行に思えた。コレステロールの値があがることは間違いなかった。二カ月に一回ほど通う病院の医師の顔が目に浮かぶ。

さて、どうやって追い求める沖縄そばを探していこうか。那覇在住の知人たちと話しあった。まず、人気の沖縄そばを食べてみることにした。出合いたいそばと違うことはわかっていたが、那覇の人や観光客の支持を得ている味覚を舌に刷り込み、その後のそばと比べていこうと思ったのだ。

最初に訪ねたのは『首里そば』だった。ガイドブックには必ずといっていいほど登場する有名店である。店は首里の住宅街の一画にある。入口の左側に、六台の車を停めることができる駐車場があった。五台の車が停まっていたが、すべてが「わ」ナンバーだった。レンタカーである。観光客の間では、沖縄そばといったら『首里そば』と反応するほど名を馳せていた。

店に入ったのは午後の一時頃だった。メニューは単純だ。首里そばは大、中、小に分かれ、それぞれ六百円、五百円、四百円。ほかに煮つけが四百五十円、「じゅうしい」が二百円と書かれている。ジューシーは沖縄風のたき込みご飯である。首里そばを食べることは決まっているが、そのサイズで少し悩んだ。これから八食も食べるのだから、「小」にしたいところだった。

「でも、店によって、いろんなメニューがあると思うんだ。できるだけ同じサイズで頼んだほうがいいんだろうね」

「ということは、首里そばの中」

同行する阿部稔哉カメラマンとメニューに見入った。彼には写真を撮ってもらうが、沖縄そばの味利き役でもある。彼も何回も沖縄に来ているから、初心者ではないが、年齢が若い分、僕が求める沖縄そばに鋭く反応してくれるかもしれなかった。首里そばの中を頼んだ。

出された丼を前に、一瞬、息を呑む。みごとなほどに透明なスープである。そのなかにやや太めの麺。その上に三枚肉とかまぼこが二枚ずつ……。千切りのショウガも添えられている。シンプルである。十年ほど前、このそばを食べたことがある。街の食堂で出る沖縄そばとは一線を画していた記憶はあるが、ここまでシンプルだっただろうか。

スープをひと口啜る。カツオだしの風味が口中に広がる。スープは透明だが、味は濃い。麺を啜る。硬い。かなりのコシである。本土のラーメンの麺に近い硬さである。手打ち麺で、打つときにかん水を使わず、ガジュマルの木灰を使うのだという。

ルーツは、首里にあった『さくらや』というそば屋だといわれている。カツオだしの透明感のあるスープと硬い手打ち麺を引き継いでいる。この『首里そば』と、『御殿山《うどぅんやま》』という二店が、『さくらや』の味をいまに伝えているのだという。

モノクロ写真でもわかるほどスープは透明だ（『首里そば』）

透明感のあるスープ、そして硬めの麵。そのあたりが、観光客の舌に訴えたのだろう。どこか本土の麵に似ているのだ。

その日は『亀かめそば』の沖縄そばも食べた。二食目だから、さすがに箸の動きが鈍い。ここは最近、その人気が一気に高まってきたという。亀浜製麵所という沖縄そばの麵メーカーが、自社の麵を広めるためにつくった店だという。

入ると左手に食券販売機があった。沖縄そばの小が四百五十円、大が五百円。ふーちばそばの小が四百五十円、大が五百円。

券売機のそばにいた店員に聞いてみ

た。

「あの……、このふーちばそば……」

「フーチバーは沖縄方言でヨモギのことです。このざるのなかに入っていますから、自由に入れてくださいねー。フーチバーは嫌いな人もいるからねー」

僕は券売機の前で固まってしまった。フーチバーを自由にとってそばに入れることができるのなら、このふーちばそばというメニューはなんなのだろうか。そして悩ましいことに、沖縄そばとふーちばそばの料金は同じだった。

(沖縄そばを頼み、フーチバーを載せると、ふーちばそばになってしまう。つまり、このふたつのそばは同じものではないのか。いや、フーチバーが嫌いな人は……沖縄そばを頼めばいいわけだから……)

ときどき沖縄の食堂のメニューで出合う迷宮だった。客への親切心がかえってわかりにくくさせ、空転してしまうのだ。

まあ、僕らは沖縄そばを頼むわけだから、迷宮のとば口で、少し悩む程度ですんだのだが……。

すぐにそばは出てきた。三枚肉が三枚にかまぼこ。スープは半透明で豚骨風味。カツオだしはかすかに利いている感じだ。ただ麺は細かった。啜ると、そこそこコ

『亀かめそば』には軟骨そばもある。ヨモギは店内に無造作に置かれている

シがある。本土のラーメン麺にぐっと近づいた食感が伝わってくる。

「一見、脂が強いかと思ったけど、それほどくどくないですね。麺が細いから、よくスープとからんで、バランスがいいんじゃないかな」

阿部カメラマンが感想を口にする。

バランス——。そう、はじめて食べた沖縄そばはバランスが悪かった。食べる麺という発想で考えれば、バランスなどなくてもいいのだが、麺料理という範疇に入れると、本土のそばのようなスープと麺のバランスがなかった。……ということは、沖縄そばはしだいに本土の麺に近づいてきている証ということになる。バランスを考えた本土の麺文化に慣れ親しんだ観光客にも、そのほうが納得のいく味ということだろう。

もとより一日目は、人気の沖縄そばを舌に刻む一食である。僕が求めるそばとは違うことはわかっていた。勝負は二日目以降である。

翌日は、ガイドブックに大きく扱われるような有名店を避けた。那覇の人たちが、「時間がないから、まあ、あそこのそばですませるか」と昼に考えるような店を選んだ。

国際通りに沖映通りがぶつかる角に、『むつみ橋かどや』という店がある。そば専門の店で、規模も大きくはない。かなり前から、ここに店を構えていた気がする。本土でいったら立ち食いそば屋のような佇まいが気に入っていて、ときどき入る。

店名にある『むつみ橋』という橋は、周辺には見あたらない。以前、国際通りを横切るようにカーブ川が流れていた。川筋がカーブしているから、安易にそう名づけられたと思っていたが、どうも違うらしい。沖縄方言で湿地のことをカーブーというのだという。湿地を流れる川という意味だという。この川はいま、ほとんどが暗渠《あんきょ》になり、その上に商店街が広がっている。その通りを『むつみ橋通り』という。商店街そのものが橋という発想だろうか。そしてその交差点を『むつみ橋』という。その角近くにあるから、『かどや』になったのかもしれない。

この店の短冊メニューには、沖縄そばという表記がなかった。代わって三枚肉そば六百円、ソーキそば七百円、ロースそば五百円……などと記されている。すべてが沖縄そばということなのだろう。ソーキとは豚のスペアリブのことだ。

三枚肉そばを頼んだ。出てくるのが早い。三枚肉が三枚にかまぼこ。ネギが散らしてある。紅ショウガも載っている。麺はこれまでのなかでは軟らかいほうだったが、食べる感覚ではない。スープは豚骨系で、カツオだしの風味はしなかった。しかし見た目よりもあっさりしている。スープはやや量が多い。

平均的――。そんなそばだった。これまで何回か食べていたが、印象が薄いのはそのためかもしれなかった。奇を衒《てら》ったところがない。沖縄そばは、気楽にさっと食べるもの……という潔さがある。沖縄そばは、これでいい、という思いが僕のなかにはあるから、妙にしっくりくる。そのためだろうか。那覇の人々の味覚に合わせている気がした。

「気楽なそばといったら、『田舎』ははずせないんじゃない?」

そう那覇在住の知人がいう店を探した。公設市場の北側の路地にあるという。

「ここだろうか」

細い路地に分け入ってみる。一軒のそば屋が見つかったのだが、正面に『田舎』という看板がない。周囲を探していた阿部カメラマンが口を開いた。

「ここですよ、やっぱり。ここに看板が立てかけてありますから」

店の前に置かれた自動販売機の脇に立てかけられた看板には、こう記されていた。

〈この店の名前は田舎です〉

これを親切心というのだろうか。公設市場とは反対側からやってきた人にしか見えない位置なのだ。こういう看板を立てかけるぐらいなら、店の正面に『田舎』という看板やのれんでも出すべきではないか……とは思うのだが、まあ、ここは沖縄

『田舎』にはほかに、「てびちそば」と「ゆしどうふそば」があった

『田舎』は那覇市内に何軒かある。一応チェーン店らしいが、店によって味が違う。沖縄風チェーン店ということか

である。

店に入った。左手に券売機があった。その前で少し悩んだ。沖縄そばが四百五十円で、ソーキそばが三百八十円なのだ。普通、ソーキそばのほうが若干高いのが沖縄の不文律である。立てかけた看板にも書いてあったが、その安いソーキそばが売り物らしい。壁に掲げてあるメニューには、沖縄そばの脇に「ジューシーサービス」と書き添えてあった。それなら納得できる……と思いながら、ソーキそば三百八十円のメニューを見ると、そこにも「ジューシーサービス」と書いてある。やはりソーキそばが売り物だった。

だからといってソーキそばは注文できない。沖縄そばを食べ比べていく以上、具は三枚肉でなければならなかった。

この店は、場所柄、市場で働く人々の胃袋を支える食堂だった。床は油で少し滑り、冷たいお茶はセルフサービスという店だった。

出てきた沖縄そばは、少し太めの麺で、やや硬かった。スープは豚骨系だと思うが透明感があり、意外とさっぱりしていた。市場で働く男たちのなかには、毎日のようにここで沖縄そばを食べる人もいるかもしれない。飽きない味ということだろうか。

四食の沖縄そばを食べた。どれもしっかりとした味だった。今日の二食は、本土からやってくる観光客を意識しているわけではなかった。沖縄、とくに那覇の人たちが支持する味だった。そこにもう、食べる感覚は入り込んではいなかった。沖縄の人々が、そばに求めるものが変わったのかもしれなかった。

翌朝、コンビニのファミリーマートに向かった。『朝すば』が売られていると聞いたからだ。『すば』とは沖縄方言でいう「そば」である。朝に食べる沖縄そば……。それは中国や東南アジアに共通した感覚だった。ひょっとしたら、食べる沖縄そばは、意外にもコンビニという現代のチェーン店に登場したのかもしれなかった。

百二十四円──。それが『朝すば』の値段だった。『復活』という文字が躍っている。そうなのだ。沖縄では以前、朝にそばを食べていたのに違いなかった。食べるそばだから、それは当然のことだった。

『朝すば』は、カップヌードルのような容器に入っていた。ふたを開けると麺が見え、少量のネギと紅ショウガが載っていた。スープの素が小袋に入っているわけではなかった。ただ、湯を注げばよかった。カウンターの横に置かれていたポットのスイッチを押した。

ファミリーマートの前で立ったまま、『朝すば』を啜る。麺は軟らかく、もそもそ感がある。スープは豚骨味。どうも麺にスープの素と油を一緒にまぶしてあるようだった。
たしかに、このもそもそ感は、求めているそばに近かった。しかし、ふた口、三口と食べ進めているうちに、首を捻っていた。なにかが決定的に違っていた。

これは一般的な沖縄そばの麺をコンビニ化しただけのような気がした。丸い麺の歯触りは、食べる麺というより、ただ軟らかくしただけのようにも感じるのだった。

阿部カメラマンも首を傾げていた。

「これを、朝、食べるのかなぁ」

湯は適量入れたつもりだったが、かなり塩分が強い。油もスープの表面に浮き、かなり強い味になっていた。店で売るためにはしかたのないことなのかもしれなかったが、これを毎朝食べていたら……。いや、若者なら、この強さに惹かれるのかもしれなかった。

昼に向かった先は県庁の裏手にある那覇バスターミナルだった。その二階に『みつ食堂』があった。バスターミナルの食堂は、昔懐しい空気に包まれている。ゆいレールができても、運行は那覇空港と首里の間だけである。沖縄本島の移動はやはりバスだった。いまはマイカーの時代になってしまったが。

「午後になっても残っている日も多い」と店員。『朝すば』は人気薄？

バスを待つおばぁやおじぃ、そして高校生の姿をよく見かける。昼どきは、バスの運転手の社員食堂のようになる。本土でいったら駅前食堂の趣なのだ。那覇と名護《なご》のバスターミナルの食堂にはときどき入る。こういう世界に入ると、どこか落ち着くのだ。

とり残された感……それは否定できなかった。ここで沖縄そばの専門店を開いてもしかたないのだ。沖縄そばもあるが、煮つけ定食や魚フライ定食、そしてコーヒー……そんな需要に応じなければいけなかった。

以前、那覇空港からアジアに向かうことが多かった。那覇からまず台北に向かい、そこからアジアの街に乗り継いでいった。バンコクに向かうことが多かったが、いまのようにLCCが就航する前の話で、那覇と台北の間は、台湾のチャイナエアラインが結んでいるだけだった。一日二便という運航スケジュールの時代が長く、夕方便に乗るときは、那覇のバスターミナルから空港行きのバスに乗った。その前に、ターミナルのなかにある『みつ食堂』によく寄った。ここで沖縄そばを食べ、台北に向かったのだ。

その話を那覇在住の知人に話すと、顔を曇らせる人が多かった。

「『みつ食堂』で沖縄そばですか……」

当時は沖縄ブームのただなかだった。次々に沖縄そばの専門店が誕生していた。青い海と米軍基地。そのイメージが強かった沖縄に、本土から多くの人々が訪れるようになった。沖縄の暮らしや食への魅力がさまざまなところで紹介されていった。本土の暮らしに見切りをつけ、移住する人が急増していた。

調子に乗った那覇の人々の間では、そば談義が盛んに交わされていた。「あの店のスープはいける」、「麺は手打ちじゃなくちゃいけないさー」。『みつ食堂』は、その種の世界の外側にぽつんと店を構えていた。そんな輪のなかで、『みつ食堂』の話をすると、彼らの視線は宙を舞ってしまうのだった。そんなとき、いじけて、

「僕は食通でもないからね」

と唇を嚙んでいた。

意地になっているわけではないが、『みつ食堂』の沖縄そばはまんざらでもないと思っていた。

食べるそばに通じるところがあったのだろうか。久しぶりに食べてみようと思った。

あい変わらずの『みつ食堂』だった。昼どきで、四人ほどのバス運転手がテーブルを囲んでいたが、せわしい空気とは無縁だった。テレビの音だけが響いていた。カウンターの上の壁には、沖縄そば五百五十円、とんかつ定食六百五十円、魚フライ定食六百五十円といった短冊型メニューが所狭しと貼りつけてある。

出された沖縄そばには、三枚肉のほかに卵焼きが載っていた。そば通なら邪道というのだろうか。麵は煮込んであり、うどんのような感覚だった。しかしつるつるとした食感で食べる感触ではない。スープは半透明で薄めの味だった。このあたりが評価の低さにつながるのだろうか。実際に啜ってみると、どこかつまらなさが残った。

有名店のそばは、コクがある。沖縄でいうアジクーター、濃い味のことだ。それが人気を支えているのだが、六食目となると、さすがに食傷気味になる。こういうときは、かえって『みつ食堂』の沖縄そばのほうがおさまりがいい。存在感は薄いかもしれないが、スルッと入ってくる。

三日間で六杯の沖縄そばを食べた。しかし食べるそばの感覚には遠かった。すでに沖縄からは姿を消してしまったのだろうか。

三日目の夜、那覇在住の知人と顔をつきあわせていた。何軒かの店を紹介してくれた知人でもあった。

「だめでした。『首里そば』からコンビニの『朝すば』まで食べてみましたけど、求めるそばは……。かすかにそのにおいがしたものもありましたけど、やはり決定的になにかが違うんです」

「味は？」

「コンビニの『朝すば』以外は、どれも及第点を超えていると思いますね。とくに有名な店は満足感がある。でも、食べるそばっていう感覚がないんです」

「やっぱり那覇はだめですか」

「那覇？」

「そう、新しいものを、どんどんとり入れていくのが那覇の食文化」

「那覇の食文化……」

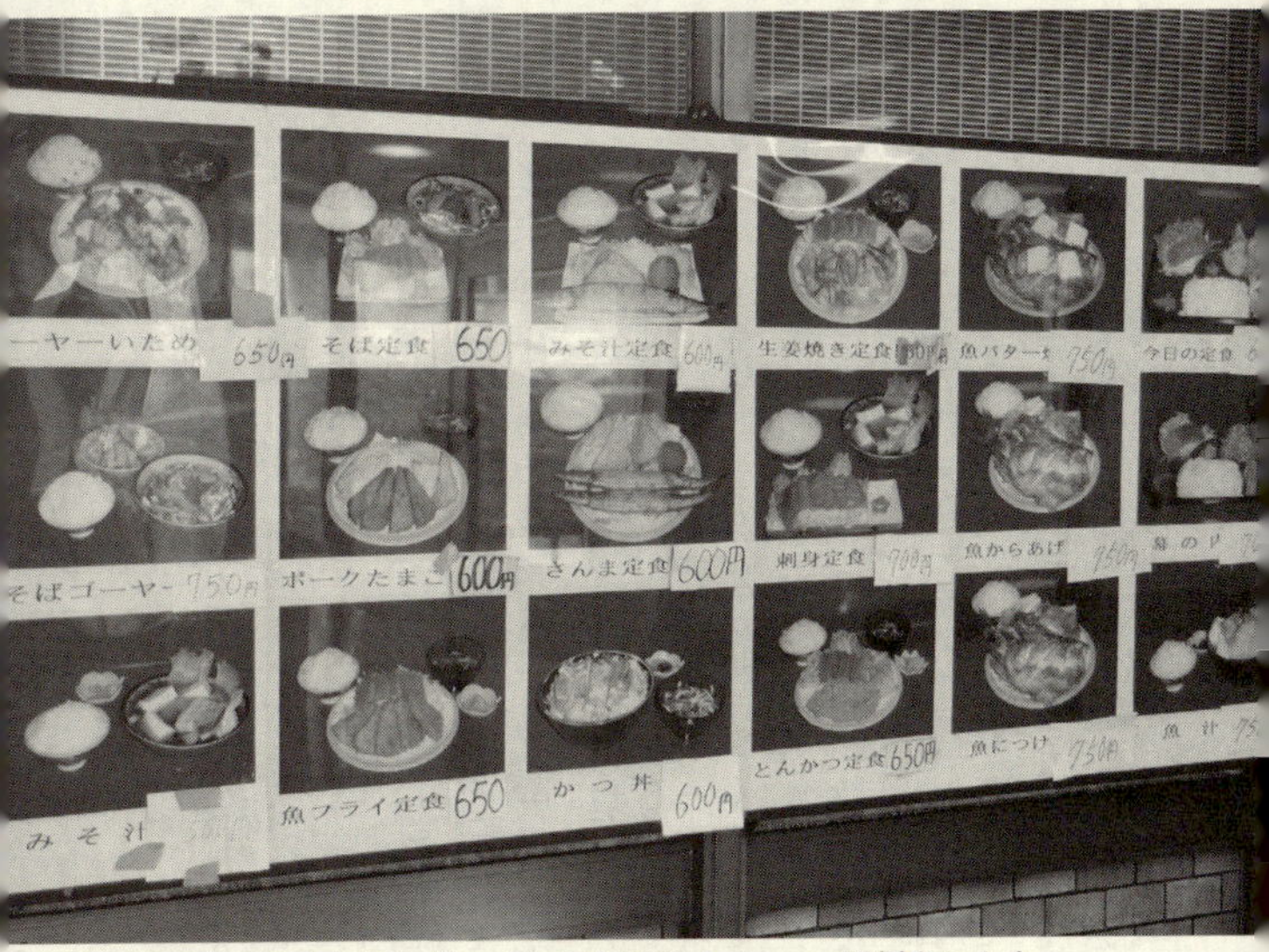

『みつ食堂』の入り口脇にどーんと巨大写真メニュー。圧倒されます

これが『みつ食堂』の
沖縄そば。どことなく
影の薄さが漂う

そういうことだったのだろうか。

那覇は都会である。とくに離島から那覇に戻ってくると、ビルが林立する眺めに怖さすら覚えてしまう。アジアの街から東京に戻ったときの感覚に似ている。那覇の人口は三十一万人ほどである。しかしその人口以上の都会に映る。

那覇経済圏というか、那覇に通勤している人が住むエリアという視点で眺めるとその理由がわかってくる。実際、那覇市はそれほど広くはなく、住宅は那覇市周辺の市町村に広がっている。都市雇用圏という分析がある。その都市に働きに来る人々が住むエリアである。那覇市の場合、宜野湾《ぎのわん》市、北谷《ちゃたん》町、浦添《うらそえ》市、糸満《いとまん》市、豊見城《とみぐすく》市、南風原《はえばる》町などが入ってくる。その人口は二〇〇九年の調査で八十万人近くになっている。その後の人口増加や住民票を離島に置いたまま那覇で働いている人を加えていくと、九十万人から百万人に達しているのではないかといわれる。

本土には十二の百万都市があるが、その次あたりに控えている都市なのだ。しかし視点を沖縄県に絞ると、その集中度は突出してくる。沖縄県の人口は百四十万人そこそこである。つまり、沖縄県の人口の七〇パーセント近くが、那覇雇用圏に集まっていることになる。

農村や漁村の過疎化は日本の社会問題でもある。沖縄でいえば、離島の人口減少である。しかし、日本の地方が過疎に悩んでいるといっても、沖縄ほど県庁所在地への人口集中が進んでいるわけではない。北海道を見てみる。札幌の人口は約百九十万人だが、北海道の人口は五百四十万人に達している。札幌の人口集中は三五パーセント程度に留まっている。

人が集まるところに文化が生まれる。そういったのは司馬遼太郎だっただろうか。その言葉をあてはめれば、沖縄文化とは那覇文化といえなくもない。

沖縄そばも……。そんな思いに駆られてしまう。那覇の人々は、沖縄ではナハンチュと呼ばれる。那覇人という意味だ。新しいものをどんどんとり入れていく気質に富んだ人たちともいわれる。琉球王朝時代から培われたものだろうか。

かつての沖縄そばのなかから、新しいそばが生まれる。『さくらや』から『首里そば』や『御殿山』という有名なそばが生まれたのはその典型だろう。

同時に那覇は、本土の文化もどんどんとり入れる。麺が細くなり、コシが強くなる。スープの量が増えていく。それは本土のラーメンやうどんに近づいていく傾向である。だから本土からやってきた観光客は、沖縄そばがおいしいと実感する。本土の麺文化をとり入れているから食べやすい。啜るそばになっているのだ。しかしそこには、那覇で進化した味が潜んでいる。

本土からやってきた人たちの間で人気が高いそばは、沖縄そばではなく、那覇そばではないのだろうか。そう考えれば、那覇で六食のそばを啜っても、一向に僕のなかの沖縄そばに出合うことができないことにも合点がいく。

那覇を出なければいけないのかもしれなかった。

国道58号に沿って、北に向かうことにした。行ってみたいそば屋があった。普天《ふてん》間《ま》にある。『三角《さんかく》食堂』だった。店ができたのが一九六五年というから、もう五十年近く前である。沖縄が日本に復帰する前から続いている。普天間は宜野湾市にある。いってみれば、那覇雇用圏の北端である。そこまで北上した。

『三角食堂』は、本当に三角型の土地に建っていた。二本の道が五差路に合流する角にあった。沖縄らしい実に安易な命名だった。

入口に十一時二十分から十七時という営業時間が掲げてあった。しかしその下にこう書かれていた。

〈厳密には…11：00〜11：30までに開店致します。また17：00前に店側の事情により、早めに閉店することが多く有りますのでご了承くださいませ。何卒宜しくお願い致します。〉

わざわざそんなことを書かなくてもいいように思うのだが、店の誠意のようなものが、そこはかとなく伝わってくる。期待が持てそうだった。

昼どきの店内には数人の客がいた。テーブルの奥に座敷席がある。座敷に座り、メニューを眺め、目が点になってしまった。それぞれの料理に解説があり、それが星の数で示されていたのだ。

最初のページにおかずというメニューがあった。沖縄の食堂では、たまに出合うメニューだった。本土の人間なら、

「定食についてくるのは、すべておかずでしょ？」

と首を傾《かし》げるところなのだが、沖縄には、「おかず」というおかずがある。しかし、『三角食堂』では心配はいらなかった。おかずに解説がついていたのだ。

――玉子焼きと野菜炒め（豆腐入り）

「だったらそう書けばいいじゃないか」

本土の人はそう思うかもしれないが、沖縄の人は「おかず」の語感にこだわっている。その流儀に倣って、「おかず」はそういう料理なのかと納得し、その下を見ると、〈沖縄大衆度〉と書かれ、星五つになっていた。

「大衆食堂の定食の王道か」

とその親切さに感心してしまったのだが、その横にある豆腐チャンプルーの解説

を読んで悩むことになる。

——おかずより、気持ちの分豆腐が多めと書かれ、〈おかずとの類似度〉は星四つだった。値段はともに五百五十円である。

「ほとんどおかずと同じってことですか」

「でも、最初におかずの解説を読まないと、豆腐チャンプルーの解説がわからない。このへんの詰めが甘いような気がするな」

「でも、すごく誠実。出す料理への愛のようなものが伝わってきますねェ」

つい「おかず」を頼みたくなってしまったが、目的は沖縄そばである。メニューのページをめくっていくと、そばが出てきた。そのメニューと解説はこう書かれていた。

半そば　四百五十円
肉の柔らか度　星二つ半

大そば　五百円
肉の柔らか度　星二つ半

こういう店は大切にしないといけない、と思わせる店内（三角食堂）

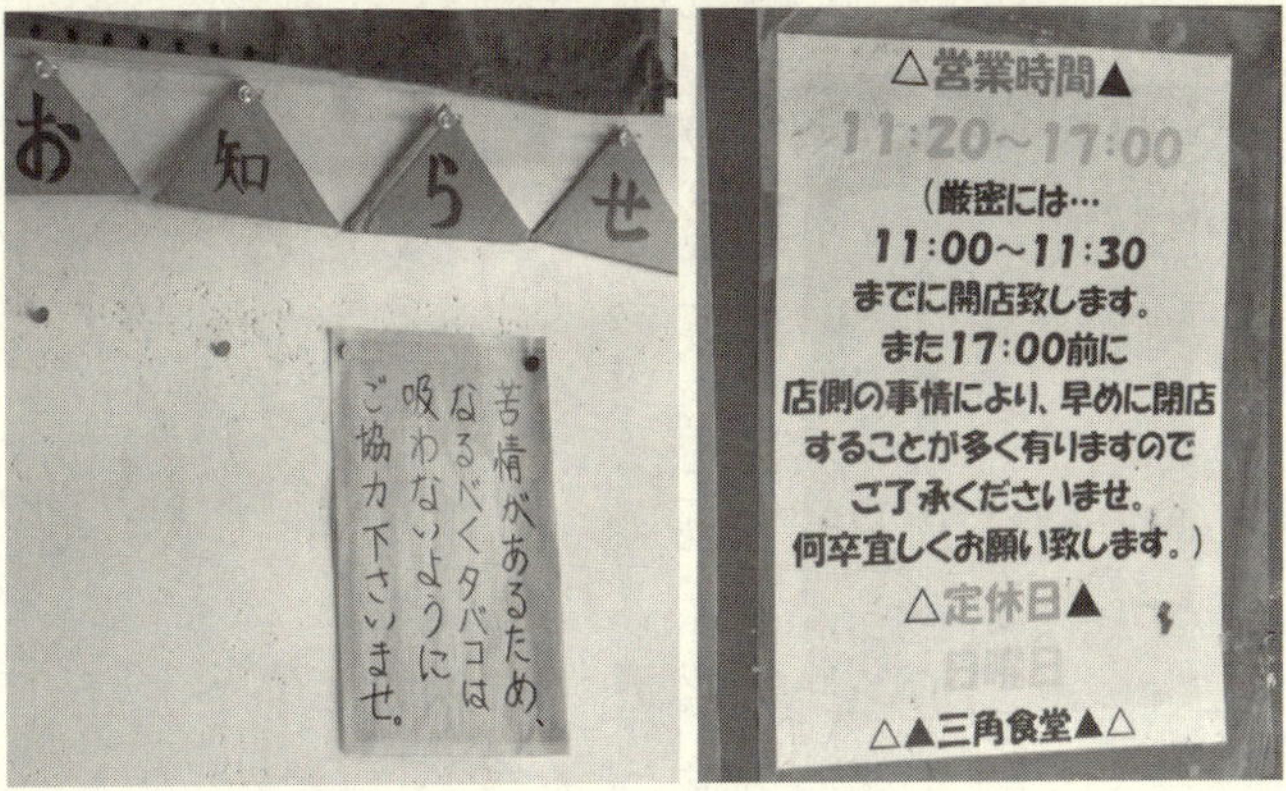

簡潔さをまったく無視した案内にしばし絶句（三角食堂）

玉子そば　五百円
シンプル度　星四つ

沖縄そばになると、解説する内容がなくなってきてしまったらしい。半そばを頼んだ。

運ばれてきた丼を目にしたとたん、周囲の空気が二十年前に一気に飛んでいった。那覇の沖縄そばに比べ、丼が小さくなったのだ。そうだった。昔の沖縄そばは丼が小ぶりだった。そこに麺が盛られているから、スープが見えない。これだった。食べる前からわかってしまった。求めていた沖縄そばが目の前にあった。

麺の上には、柔らか度星二つ半の三枚肉が載っていた。かまぼこの代わりに薄焼き卵が添えられている。麺はやや太めだったが、箸でつまむと、途中でぷつぷつと切れてしまう。これを口のなかに入れるのだが、もそもそ感が強いから、つい嚙んでしまう。啜ることができないのだ。

これだった。

求めていた食べる沖縄そばだった。

これが僕が追い求めていた、食べる沖縄そば。わかってくれるかなぁ(三角食堂)

しばらく食べ進めていくと、スープが顔をのぞかせる。やや濁ったスープだった。豚骨系でカツオだしの風味はなかった。

やはり那覇のそばとは違った。那覇そばではない沖縄そば……。『三角食堂』は、僕にとって貴重な食堂になりそうだった。

その日、さらに北上し、名護まで足を延ばした。市街地にある『八重食堂』という店が、やかんからスープを注ぐスタイルでそばを出すと聞いたからだ。丼には麺しか入っていないのだという。

店はバーや飲み屋がひしめく一帯にあった。前の道で下水道工事が行われていた。店に近づこうとすると、警備のおじさんからこう伝えられた。

「もう店は終わりみたいだよ。売り切れらしい。のれんもさげてたから」

午後二時をまわった頃だった。それほど人気の店なのだろうか。店の入口だけでも写真を撮ろうと、阿部カメラマンとともに、工事現場の脇を歩いて店の前に立った。ひょっとしたら……という思いで、ノブをまわすと、ドアが開いてしまった。店のおばさんと目が合った。しばらくの間《ま》があった。沖縄ではよくあることだった。本土のように、間髪を入れない、「いらっしゃい」という言葉が返ってこないのだ。いたたまれないような沈黙があり、テーブルに着く。そして水やお茶を持ってきた

おばさんが、それを置きながら、ようやく、

「いらっしゃい」

と口を開くのだ。その間が、『八重食堂』にはあった。

「まだ食べることができますか」

「どうぞ」

「工事のおじさんから、もう終わりだって聞いたんですけど」

「台湾の人が何人も来たんで、閉めちゃったんです。言葉がわからないから」

そういう店だった。

メニューもシンプルだった。三枚肉、ソーキ、ミックス、ジューシーだけである。ミックスとは三枚肉とソーキのミックスだから、そばは三枚肉とソーキしかないわけだ。

三枚肉の小を頼んだ。五百円だった。出された丼は小さかった。

「これも食べる系か」

期待に持つ箸が少し震えた。僕らが食べている間に、三人の客が入ってきた。全員がミックスの大を頼んだ。運ばれていくところを見ると、丼のサイズは変わらなかった。麺が丼から盛りあがるようだった。そこにやかんからスープを注いで食べ

途中でスープを足してもいい。
沖縄そばに食べ方の流儀はない
（八重食堂）

るわけだが、それは麺の掘削作業のように映った。

平麺だった。そこにスープを注ぐ。麺はもそもそ感があり、食べる感覚にはなるのだが、『三角食堂』の麺のように途中で切れることがない。スープを注ぎ足すと、啜るような食べ方になる。ややコシが強いのだ。しかしスープと麺のバランスを考えながら、好みの麺に仕立てていく手法は、なかなか楽しかった。それなりの完成度を保っている。

名護の沖縄そばは、そのエリアのなかで、独自に進化したのかもしれなかった。

定食　「シーブン」が生む沖縄定食の迷宮

沖縄の大衆食堂には、さまざまな定食がある。そのメニューを目にして、軽い沖縄ショックを受ける。書かれているのは日本語だから、意味がわからないのではない。しかしその料理名から想定外のにおいがしてくる。

以前、宮古島で、酢鶏定食というメニューを目にした。酢……鶏……？　そういうことをしてはいけないといっているのではない。酢豚という全国共通のメニューがあるのだから、酢鶏定食があってもいい。しかし野菜炒め定食、ポーク玉子定食の横に、ポピュラーな定食のような顔をしてメニューを並べてほしくはないのだ。

「本土では酢豚ですが、宮古島では……」

といった断り書きを加えるような気遣いがほしいのだ。

サバ唐揚定食というメニューを、那覇の大衆食堂で見たときも、同じような思いに駆られたものだった。そこから、「サバは焼くものじゃなくて、唐揚げにするものさー」と涼しい顔で説明してくれるウチナーンチュの表情が浮かんできてしまった。沖縄では沖縄の人々のことをウチナーンチュと呼ぶ。

その究極が、みそ汁とおかずというメニューである。なぜかこのふたつは、定食という文字がつかないことが多い。しかしその内実は定食である。みそ汁は具だくさん味噌汁定食で、おかずは、チャンプルー定食になることが多いが、ウチナーンチュはおかずというメニュー名にこだわっている。

沖縄の人たちが、本土の定食を知らないわけではない。店には観光客もやってくる。だったら、本土の人たちの不安や未知の領域に入り込もうとする手助けをしてほしいのだ。しかし沖縄には、その間をつなぐ言葉がない。

「大衆食堂はウチナーンチュのための世界だから」

といえばそれまでだが、それでいて、観光客が次々にやってくると、嬉しくてしかたない笑みをつくる。しかし壁に貼りつけた短冊型のメニュー名を変えようとはしない。

その感覚は、おばぁの会話にも共通するように思う。たとえばおばぁが営む野菜を並べた移動式の店の前に立つ。すると、するとおばぁはこんなふうに声をかけてくる。

「今日はカマドおばぁが来てくれて、嬉しかったさー」

「……?」

「おばぁの友だちが、野菜を買いにきてくれて嬉しかった」という意味はわかるのだが、だからなんなんだ、と呟きたくなる。カマドおばぁと僕の間にどういう関係があるのだろうか。

沖縄という世界の会話には、前置きが少ない。唐突に、沖縄ワールドに引き込んでしまうようなところがある。挨拶とか紹介といったことをはしょってしまうのだ。

大衆食堂のメニューにも、その世界を感じてしまうのだ。

頼んだ定食に、想定外のおかずが加わるのも、沖縄大衆食堂の習わしである。たとえばそば定食を頼んだとする。そばは沖縄では、沖縄そばのことを指す。

僕は、こう想像する。

「沖縄そばとジューシーに漬物といったところだろうなぁ」

で、テーブルに置かれたそば定食の前で一瞬、固まることになる。沖縄そばとジューシーに漬物はあるのだが、立派なとんかつがついていたりするのだ。

そこで、恐る恐る壁のメニューに視線を移す。そこには、とんかつ定食がしっかり書かれているのだ。

これはカレーライス定食ではありません。あくまでもカレーライスです

とんかつ定食の典型。刺身も付く。みそ汁の代わりににゅう麺も出てきた

とんかつが二、三切れ、小皿に載っているのならいいのだが、目の前には、しっかりとしたとんかつが一枚、鎮座しているのだ。とんかつ定食は、とんかつが二枚になるのだろうか。心は乱れる。

で、後日……。その謎を究明すべく、とんかつ定食を頼んでみる。そして、出された定食の前で、再び頭を抱えてしまった。

そこには、そば定食についてきたものとほぼ同じとんかつがあった。そしてご飯、みそ汁の横に、刺身が置かれていたのだ。そして、また恐る恐る壁のメニューに目をやることになる。そこには、しっかりと、刺身定食があるのだった。こうして、大衆食堂の深みにはまっていくことになる。出口はまずない。

そんな話をウチナーンチュにすると、なんの疑問もないような面持ちで、

「それはシーブンだからさー」

という言葉が返ってきてしまう。「シーブン」とは、沖縄方言で、「おまけ」を意味している。店側の誠意なのだ。

おまけをつけてくれることに文句をいっているわけではない。むしろ、ちょっと嬉しい。しかし安易におまけをつけることで、メニューに矛盾が生まれることを、ウチナーンチュはなにも考えていない……と拳を握りたくもなるのだ。

沖縄の大衆食堂の定食は、不用意な「シーブン」が加わることで、ミステリアスな領域に入り込んでいく。

ただ、定食の「シーブン」はあまりおいしくはない。一応、店側も原価を計算しているのだ。しかし、「シーブン」ははずせない。なんだか店側の自己満足のような気がしないでもないが……。こういう沖縄の大衆食堂……僕は嫌いではない。

第二章　カチャーシー

カメおばぁが教えてくれる本土の人間の限界

はじめてカチャーシーを踊ったのはいつ頃だろうか。その記憶も曖昧なのだが、どこか忘れ去りたいという思いもある。那覇か宮古島の民謡酒場だった気もする。いや、宮古島の夏祭りだっただろうか。

カチャーシーというのは、手と足の動きが特徴的な沖縄の踊りである。イベントや祝いの席の最後には、必ずといっていいほどこの踊りになる。甲子園の高校野球で勝ったときも踊りの輪ができる。選挙で当選したときも、選挙事務所で繰り広げられる。にこやかな顔で支持者が踊る。チャンカチャンカ……という三線《さんしん》の早弾きに合わせて、踊りの輪が膨らんでいく。結婚式の最後にも、カチャーシーである。

このカチャーシーは、沖縄の地方によって呼び方が違う。沖縄本島ではカチャーシーだが石垣島のある八重山地方ではモーヤーという。しかし、その踊りに大差はない。両手をあげ、沖縄民謡に合わせて踊っていく。

この手踊りは東南アジアにもある。踊りのスタイルは違うが、音楽に合わせて手が揺れ、足はリズムを刻む。とくに流儀や踊り方があるわけではない。皆、勝手に

体を動かしているように映る。東南アジアの人々も、
「踊り方があるわけじゃないから、勝手に踊ればいいんですよ」
と輪のなかに引きずり込もうとする。僕もそういうものだと思っていた。彼らの踊る様子を見ていても、手の動きはしなやかだったが、あとは自己流という感じで、勝手な踊りに映ったのだ。ただリズムに合わせていれば、なんとなく踊りになるのだ……と。

それが大きな間違いだったのかもしれない……。きっかけがあった。場所は沖縄ではなく、東京の中野。桃園会館というとり壊しの噂のある集会場だった。

その頃、僕は中野にある何軒かの沖縄料理店に出入りするようになっていた。かつて中野で『山原船《やんばるせん》』という泡盛酒場を開いていた老人がいた。新里愛蔵さんという人だ。彼は店をたたみ、タイのチェンマイに移り住んだ。

彼は年に一回、桜の時期に日本に戻ってきた。といってもチェンマイで脳梗塞を患い、車椅子の生活だったから、同伴者が必要な帰国だった。同伴者は僕になることが多かった。チェンマイから東京までの直行便はない。バンコクか台北、ソウルで乗り換えになる。車椅子の老人と飛行機に乗り、空港で乗り換えていく手続きやコツを僕も身につけていくことになった。

愛蔵さんは中野界隈の人気者だった。彼が中野にやってくると、桃園会館を借り切ってのイベントが開かれた。中野時代、愛蔵さんの店の二階で練習を繰り返していた三線愛好会が中心メンバーだった。イベントの終わりは、いつもカチャーシーだった。

そのとき、僕の知人も奥さん同伴で参加していた。彼は東京出身だったが、一時期、沖縄に移住し、沖縄で出会った女性と結婚していた。

ステージでは『唐船ドーイ』というカチャーシーを踊るときの定番ともいえる民謡が演奏されていた。会場にはいくつもの輪ができていた。

僕も近くに座っていた人に誘われ、いつものように、見よう見まねで手をあげ、自己流に体を動かした。そのとき、知人の奥さんの踊りが目に入った。

うまかった。

手の動きがまったく違う。流れるように手が動くのだが、ぴったりとリズムに合っている。足の動きにも安定感があった。

「奥さん、うまいね」

「小さい頃から、琉舞《りゅうぶ》を習っていたっていいますから。やっぱり違いますよ」

「琉舞ですか……」

彼女の踊りを見たとたん、手がさがり、足が止まってしまった。とても太刀打ちできそうもなかった。自分の踊りが恥ずかしくなった。いや、踊り以前である。ただ、わけもなく手と足を動かしているだけなのだ。

なにか根本にあるものが違う気がした。

そんな話を、沖縄に移住し数年が経つ知人たちにしてみた。移住を決めたぐらいだから、かつて沖縄病といわれる熱病に罹った人たちだった。本土にいたときは、沖縄料理店に毎日のように顔を出し、泡盛の酔いのなかで、沖縄に流れるゆるい空気を思い出していた人も多かった。その店を通して、沖縄関連のイベント情報も入ってくる。店の壁には、沖縄からやってくる民謡歌手のコンサートのポスターも貼られていた。イベントにはよく参加した。三、四千円のチケットを買い、コンサートにもよく出かけた人たちだ。

沖縄イベントやコンサートの最後はカチャーシーになることがほとんどだった。本土に暮らす沖縄の人たちが、まず腰をあげ、カチャーシーを踊りはじめる。本土の人はすぐにその輪に入ることができずに椅子に座っている。なにしろカチャーシーを習ったことも、踊ったこともないのだ。しかし、しだいに尻のあたりがむずむずとしてくる。

後押しするのは、沖縄への思いだろうか。なにしろ、頭も体も沖縄病という熱病に冒されている。踊っている沖縄の人たちは、輪のなかに入るように盛んに誘ってくる。

腰をあげていた。輪のなかで手踊りをはじめていた。見よう見まねである。近くにいる沖縄の人たちの手や足の動きに合わせて、体を動かしていく。

これは沖縄病に罹る人たちに共通していることのように思うのだが、彼らは、本土の若者がステージに立つロックコンサートなどは苦手なタイプだった。生ギターにはついていけたが、電気系の音はビートルズあたりが限界という人が多かった。彼らが沖縄に魅了されていったひとつは、波の音が聞こえてくるような三線の響きだった。ゆっくりとしたテンポも感性に合った。

ロックコンサートに無縁な人たちだから、会場で大音響に合わせて体を揺らすことも知らない。若者は、そのなかでストレスを発散させていくことは頭でわかっていても、ついていくことができなかった。

沖縄コンサートの最後に用意されているカチャーシーは、生まれてはじめての踊りだったのかもしれない。いや、子供の頃の盆踊り大会や運動会で炭坑節や東京音頭は踊ったことがあったか……。

カチャーシーは楽しかった。久しぶりに汗をかいた。どう踊ったのかは、まったく覚えていないが、素直に体を動かすことができた。踊りながら、沖縄の人が声をかけてくれる。

「そう、そう。上手さー」

嬉しかった。ちょっとだけウチナーンチュ気分だった。

それは沖縄料理店で、ちょっと沖縄方言を遣ってみる感覚に似ていた。日本にはさまざまな方言がある。沖縄方言は、おばぁやおじぃの世界に入ると、これは日本語か……と天を仰ぐほどの世界に入り込むが、一般の人々が話す方言は、少しイントネーションを変えたり、語尾を覚えるだけで遣うことができる。

「今日は、ソーミンチャンプルーを頼もうね」

料理を注文するとき、客側がこういうのだ。

「泡盛は水で割ったほうが飲みやすいさー」

最後の「さー」をつけると、なんとなく沖縄方言になる。沖縄方言と本土の言葉を融合させたウチナーヤマトグチという言葉群もある。それをちょっと口にする。周囲からどう思われているのかはわからないが、本人にしたら、どこか島の居酒屋にいるような気分で、ちょっとだけウチナーンチュになれた。

沖縄病という病は、基本的に片思いだから、その人の沖縄への思いだけが空まわりする。しかしどこか嬉しい。片思いとは、そういうものだ。かつて僕自身、かなり重い沖縄病を患っていたから、そのあたりの感覚はよくわかる。

沖縄病に罹った人たちの一部は、移住を決意する。沖縄に移り住む……それは簡単なことではない。若者が沖縄に仕事を見つけて移るのならまだしも、本土生活の基盤があった人にとっては大変な覚悟である。人生のターニングポイント……と考える人もいる。そこまで沖縄への思いが増幅される。

それから二年、三年……。

暮らしはじめると、沖縄はまた違った顔を見せる。惚れた相手と暮らしはじめてみると、歯ブラシの置き方が気になり、ゴミの捨て方を注意されて不愉快さが募るようなものだ。仕事をはじめれば、そこにはトラブルがついてまわる。

蜜月はそう長くない。

あれほど好きだった沖縄への思いに綻びが目につくようになる。それを呑み込んで生きていかなくてはならない。

僕がカチャーシーの話を聞いたのは、そんな相手だった。最近の那覇では、こんなタイプの人と会うことが多い。彼らの店のカウンター越しの話である。沖縄の人が開く店とはテンションが違う。同病を相憐れむわけでないが、互いにかつて沖縄病を患い、その熱が体からスルッと去ったあとの、ある種の脂が抜けたような会話のほうが疲れないのだ。理想郷などどこにもないとわかっていながら、沖縄に躍ってしまった……という鼻白む思いが漂う店でもある。

「そう、最近、カチャーシーは踊らないね。本土にいたときは、けっこううまいっていわれたんだけどね」

「でも、ウチナーンチュはうまいでしょ」

「こっちに暮らしていると、いろんな人のつながりができる。結婚式にも呼ばれる。年に一、二回はね。披露宴の最後っていえば、カチャーシーでしょ。彼らが踊るところを見てしまうと、とてもまねできない。カチャーシーって難しいですよ」

「本土にいたときは若かったってこと?」

「いや、怖いもの知らずだったんじゃない。ウチナーンチュは、ただ手をあげて踊ればいいっていうけど、あれはずるいですよ。彼らはうまいですよ。年季が違う。こっちに移ってから、踊ることができなくなっちゃいましたね」

「壁?」

「そうかもしれない。沖縄の人と本土人の間にある埋められないもの」

いくら沖縄が気に入っても、埋められない溝がある。その存在を、沖縄に暮らしはじめて、思い知らされるのだろうか。

ひょんなことから、カチャーシーを習うことになってしまった。安里《あさと》に近い栄町市場にある『おとん』という店だった。主人の池田哲也さんも大阪からの移住組だった。そこでカチャーシーの話をしていると、彼のパートナーが口を開いた。

「カチャーシーって習うもんじゃなくて、自然と踊ることができるようになるもんじゃない。あの音を聞くと」

彼女は沖縄本島の生まれである。生粋のウチナーンチュである。

「それが本土の人間はできないんだよ。なぜかできない。沖縄の人は、簡単だっていうけど」

「だったら、習えば。ここの栄町市場は人材が豊富よ。カメおばぁなんて、すぐに教えてくれるんじゃない？」

だからウチナーンチュは困るのだ。沖縄と本土の間の溝に悩み、その前で立ち竦《すく》んでしまっている本土の人間の心の揺れを理解してくれようともしないのだ。

カメおばぁ？

ひょっとして……。

三年ほど前、ステージを見あげながら、

「このパワーはなんなんだ」

と口をあんぐりとあけていた記憶が蘇ってくる。たしか、あのおばぁがカメ……。

場所はやはり栄町市場だった。夏になると月末の土曜日に、市場の祭りが開催される。そしてその祭りのいちばん人気は、『おばぁラッパーズ』だった。

このグループの名前を聞いたのは何年も前である。

「『おばぁラッパーズ』？」

「そう、三人のおばぁがラップをやるのよ」

「どうして……」

「いや、やっちゃうわけさー」

「ラップを？」

「そうだよ。大根を持ってやるわけ」

「……」

あまり見たいとは思わなかった。沖縄の元気なおばぁは、全国的に有名である。

僕自身、『沖縄オバァ列伝』という本に原稿を書き、編集にもかかわったから、身をもって感じている。一時、沖縄は長寿県として知られていた。しかしアメリカ軍が持ち込んだジャンクフードと肉好き、酒好き体質が相乗効果を生んで、まず男性から長寿の名を返上しなくてはならなくなった。そして女性も日本一の座を明け渡すことになる。二〇一三年に発表された平均寿命を見ると、男性は三十位まで転落してしまった。女性はなんとか三位に留まっている。これはひとえに、人間とは思えないパワーを保つおばぁの存在が大きかった。『おばぁラッパーズ』は、それを地でいく三人組のようだった。

おばぁという存在は、こちらが避けようとしても、目の前に現れるものらしい。あれは三年ほど前だったか、ふらりと、『おとん』に顔をだすと、

「今日は『おばぁラッパーズ』が出演するよ」

と、聞きもしないのに伝えられたのだった。その日は栄町市場屋台祭りの日だった。市場の中央にある通りへ出向くと、すでに特設ステージがつくられ、そのまわりを二、三百人の観客がとり囲んでいた。

「こんなに人気なんだ」

『おとん』の池田さんに声をかけた。

「CDも出しているからね」

「CD？　でも、おばぁでしょ」

「下川さん、おばぁに偏見があるんとちゃう？　まずはステージを観てみ」

続々と集まる観客に押され、なんとか電柱脇にスペースを確保した。と、そのとき、市場の湿った空気を揺らすようなラップが市場に響き、まるでプロレスのレスラーが登場するように、サングラス姿の三人のおばぁがステージに現れたのだった。市場を歓声が包む。体格のいいおばぁは、八百屋の前かけ姿。胸に大きく番号が入ったTシャツを着ていた。頬は赤く塗っている。もうひとりの女性は赤いざっくりとした上下にハンチングのような帽子。とにかく派手だった。中央には、黒っぽい作務衣《さむえ》のような衣装に雪駄《せった》を履いたおばぁ。サングラスは、ジョン・レノンもかけていたようなロイドメガネで凄みを利かせていた。いったいなんという三人組だろうか。おばぁはここまで悪乗りできるのか……。

ロイドメガネのおばぁがボーカルだった。その声が届いたとき、再び呆然としてしまった。さまになっているのだ。ちゃんとラップなのである。年は聞けないらしいが、平均年齢は五十歳以上だという。ロイドメガネのおばぁは、六十歳を超えている気がする。しかし足どりは軽快で、声にも張りがある。

「年だから水分をとらないと足がつる」などと笑いをとりながら、ペットボトルの水をぐいと飲み、またラップを続けるのだ。

「なかなかのもんだね」

「そうでしょ。だから観てみないとわからない。あのボーカルがカメおばぁ」

池田さんはそう教えてくれた。

あのカメおばぁ……。

彼女が僕にカチャーシーを教えてくれるというのだ。

僕はいったん東京に戻った。

その間に、栄町市場では話が進んでいた。「いつ来るのか」という電話もかかってきた。なんだか引けない状況になってきた。これはまずい。

インターネットで、カチャーシーの踊り方を調べてみる。そこにはこう書かれていた。

- 腕を伸ばして両手を真上にあげて、手のひらを開いて前に向ける。
- 男性は手を握る。女性は広げたままで良い。
- 扉を開けるように、両手のひらを右に向けて腕を右に振る。
- 扉を閉めるように、両手のひらを左に向けて腕を左に振る。
- 腕を左右に振るのを繰り返す。この時、麦踏みの要領で足踏みをする。

なお、不慣れな本土の人間が踊ると、たいていは阿波踊りになる。

ふむふむ。なんだかできそうな気になってくる。

深夜、家にあった姿見の前で手をあげてみる。家にあった沖縄民謡のＣＤのなかから、テンポの早いものを選んで体を動かしてみる。足も加えようとしたが、麦踏みなどしたことがないから感じがつかめない。だいたい麦踏みの経験がある日本人がどれほどいるのだろうか……などとネットに記された踊り方に毒づいてみる。

鏡に映る自分の動きを見ながら、再び落ち込んだ。〈不慣れな本土の人間が踊ると、たいていは阿波踊りになる〉。その通りだった。僕のいままでの踊りは阿波踊りだった。

いや、阿波踊り以前である。僕は以前、中野区に住んでいた。高円寺に近く、阿波踊りが盛んなエリアだった。アパートの近くの商店街に、子供たちも加わることができる連があった。阿波踊りでは、列をつくり、一緒に踊るグループを連と呼ぶ。

まだ小学生だったふたりの娘が、その連に加わることになった。毎週、近くの小学校の体育館で練習があった。指導にあたるのは、その連の中心メンバーの大人たちだったが、手の動き、腰のさばき方など、すべてが違った。阿波踊りは男踊りと女踊りがあったが、そのどちらも、年季が入った人たちの動きは際だっていた。

なにかが違うのだ。

中野にある沖縄料理店で相談もしてみた。その店のスタッフの何人かは、中野のエイサーチームにも加わっていた。東京では、エイサー大会の最後をカチャーシーで締めることが珍しくない。沖縄出身の主人は、エイサーチームの地方《じかた》だった。地方とは、踊りをリードする沖縄民謡を三線で演奏する役割だった。最後にカチャーシーになったときの、『唐船ドーイ』なども、この地方が受けもつ。

「カチャーシーね。エイサーと違って、型がないから、意外と難しいかもね。ウチナーンチュは体で覚えてるんだけどね」

店のスタッフが話に割り込んでくる。

「知り合いでジャズダンスを教えている人がいるんです。彼女と一緒に、沖縄のイベントに出て、最後にカチャーシーになったんだけど、彼女、見よう見まねで、すぐマスターしちゃいましたよ」

「ジャズダンス……」

「下川さんって、ジャズダンスの柄じゃないですしね」

沖縄好きの常連客がこんなこともいった。

「カチャーシーって十六ビートで踊るんだそうです。ウチナーンチュがいってました」

「十六ビート?」

「宇多田ヒカルのヒット曲が十六ビートだそうです。『AUTOMATIC』とか」

「宇多田ヒカルでカチャーシーを踊ることができるってこと?」

「下川さん、まったくわかってないな。テンポの話ですよ」

こちらは四ビートも、十六ビートも、その区別が難しい身なのだから、そんなことをいわれても混乱するばかりである。東京にいる沖縄通はどうもいけない。知識ばかりで、体を動かしていない……などと自分を棚にあげて反論したところで、カチャーシーを踊るコツがわかるわけでもなかった。

夕方の六時、栄町市場の『おとん』に出向いた。そこに若手の民謡歌手の堀内加奈子さんが待っていた。彼女の名前は、さまざまな所で聞いていた。北海道に生まれ、沖縄の民謡歌手の重鎮、大城美佐子さんに弟子入りした女性である。バンコクに『金城』という沖縄料理屋がある。この店がバンコクで大城美佐子さんのコンサートを開くことになり、その相談を受けたときも、堀内さんの名前が出てきた。東京の中野で三線を習う人たちは、「いま、売り出し中の民謡歌手」だと説明してくれた。

「栄町の知り合いから連絡を受けたものだから。カチャーシーを習いたいんですって？」

栄町のネットワークはなかなかのものだった。

「最近、民謡酒場でも、カチャーシーを踊らない人が増えてるっていいます。ウチナーンチュのなかにも、踊れない若者が多くなってきてるって」

「難しいから？」

「さあ……簡単なんですけどね。習うもんじゃなくて、踊っている人をまねるといいんですけど。一説には、カチャーシーは、沖縄空手に通じるっていいます。ほら、こうやって、壁をつくるように手をピタッと止める」

堀内さんはカウンターに座ったまま、手でポーズをつくった。たしかに、手が振れたとき、やや力を抜いた指がぴんと伸び、手のひらが壁にぶつかったようにピタッと止まる。その瞬間がさまになっていた。

「空手か……」

カチャーシーを習おうとすると、さまざまな説明が飛びだしてくる。十六ビート、ジャズダンス、沖縄空手……。

「こうですか」

手を動かしていると、ひとりのおばぁが店に入ってきた。

出た。

カメおばぁだった。

「新城カメと申します。カメおばぁって呼んでくださいね」

優しい声だった。ほっとした。ステージの印象とはずいぶん違った。

「さて、やりましょうか」

カメおばぁは外に出ようとした。堀内さんも腰をあげる。

「ちょ、ちょっと待ってください。ここでやるんじゃないんですか」

「市場の通りでやりますよ。皆、集まってくるかもしれないから、楽しいはずよ」

「いきなり人前ですか。心の準備が……」

カメおばぁはその声を聞こうともせず、外に出ていってしまった。強引な人だ。

『おとん』の池田さんに、「どうしよう」と視線を向けると、意地悪そうな笑みをつくった。仕組まれていたのかもしれない。

夕方の時間帯、市場の人通りはそれほど多くない。市場は昼に八百屋や肉屋、乾物屋、おばぁ向きのスカートなどが並ぶ店に人が集まる。夜になると、小さな居酒屋や店の前のスペースを使った餃子店などが賑わう。いつもそこそこの人通りがある。しかしばらく前、栄町市場は寂れた空気が漂っていた。シャッターを下ろしたままのスペースが目立った。そこで那覇市は再開発の計画を立てるのだが、市場の人たちが立ちあがった。店を開きたい人を募り、イベントも企画した。『おばぁラッパーズ』も、そのなかで生まれた。メンバーの高良多美子さんは市場内の八百屋、上地美佐子さんはリサイクルショップ……といった具合だった。新城カメさんは、長く市場で看護師として働いてきた。

その努力が市場に活気を戻していく。いまでは、空いているスペースがほとんどないという。

大規模店が出現するなかで、地元商店街が衰退していくのは沖縄も同じである。そのなかで復活しつつある栄町市場は頼もしい存在だったが、だからといって、人通りのある場所を練習の場に選ぶというのは……。ひっそりと人目のつかないところでカチャーシーの技を磨き、祭りの最後に華々しくデビューをしたかったのだが、のっけから人前なのである。

市場の通りにはベンチが置かれ、買い物に来た人が休むスペースができていた。

そこが練習場だった。

カメおばぁは僕の前に立った。まず、腕をあげて……と声がかかる。手のひらを外に向け、それを半転させて顔に向ける。指導はそこからはじまった。そして戸を開けるように両手を動かす。インターネットで読んだ練習法と同じだった。ところがそこで、カメおばぁの声が響いた。

「そこで笑って」

「はッ？」

手の動きに集中しているのだから、笑えるわけがない。ぎこちない笑いをつくると、堀内さんが三線を弾きはじめた。そのリズムに合わせて、腕を振る。

「そう、そう」

声がかかる。すると近くにいた買い物客が、ビニール袋をベンチに置いて踊りはじめた。誰が声をかけたわけでもなかった。沖縄の人は、三線の音に、パブロフの犬のように反応してしまうようなのだ。

練習が続く。男の踊り方に移る。戸を開けるようにしながら、手を握るのだ。しかし左手がどうしてもうまくいかない。こねくりまわすようにまわってしまい、手が顔に向いてしまうのだ。それを直そうと何回も腕を振る。目の前ではカメおばぁが、軽々と体を動かしている。

汗が噴き出てきた。どうも肩に力が入りすぎているらしい。こちらの心境などおかまいなしに、カメおばぁは、

「笑顔ッ」

と声をかけてくる。ひきつったように笑い、再び手を動かした。

「次は足」

休む暇もなく、カメおばぁは進めていく。強引だ。腕をややさげ、ステップを踏む。

「うまくなると、手を動かさなくても、カチャーシーができるよー。ほら」

できるわけがない。しかしカメおばぁは、足だけで踊ってしまうのだ。

三十分ほど続いただろうか。息があがってくる。堀内さんが用事があるから……と帰っていった。これを潮に……と思っていると、三線の音が響きはじめた。見ると、横で店を開いていたおばさんが、売り物の天ぷらが並ぶケースの横で三線を弾きはじめた。商売はどうしたのだ……と思う暇もなく、

「足と手をもっと合わせて」

とカメおばぁの声が届く。栄町市場は、なんという商店街だろうか。天ぷら屋の

カメおばぁのカチャーシー指導がはじまった。と、どうなるか……は下の写真

買い物にきていたおばさんまで踊りはじめてしまう。買い物そっちのけで

なかには三線が置かれているのだ。

それから三十分ほど練習が続いた。なんとなくわかってきた感じもある。しかし少し休み、再び動かそうとすると、手足がばらばらに動いてしまう。

今日はここまでということになった。汗を拭いながらベンチに腰をかける。カメおばぁは、にこやかな顔で口を開く。

「うまくなったさー。肩が凝った？ じゃあ後ろう向いて」

カメおばぁは肩まで揉んでくれた。そして背後からこう囁《ささや》いたのだった。

「明日も頑張ろうねぇ」

布袋を手にすたすたと帰っていくカメおばぁの背中を眺めていた。

明日もやるのか……。

翌日は教えてくれる人が次々に現れた。近くでバーを開いている中年女性も姿を見せた。学校に通っていたときに習ったという方法を教えてくれた。しかもその途中、左肩がさがっていることを指摘してくれた。記念写真を撮られるときなどにいわれることがある。

高校では山岳部に属していた。はじめて山に登ったときにザック麻痺に罹ってしまった。左肩にかかるベルトが骨を押し、血管と神経を圧迫してしまったのだ。そうとも知らずに登り続け、気がついたときには、左手に力が入らない状態になっていた。それから一年近いリハビリを続けた。日常生活に支障はないが、左手の握力は弱い。左肩がさがるのは、その影響なのかもしれなかった。

彼女がいうには、左手をもっとあげないと形が悪いという。そして、戸を閉めるように両手を動かす踊り方には否定的だった。

そして息子を呼んだ。青年会でエイサーを踊っている彼は、まずポーズをつくった。

「こう腕を出して、手を軽く握る。そしてバイクのハンドルを握るような感じで、こう手を曲げる……そうバイクですよ」

「バイクですか」

また新しいスタイルだった。

まわりにいる人が次々にいろんなことをいう。ウチナーンチュは踊ることも好きだが、教えることも好きらしい。しかし皆、見よう見まねで覚えたから、それぞれ持論がある。それを親切に伝えてくれるのだが、僕の頭と体はそう器用ではない。

青年は三線を借りてきた。それに合わせて、小一時間習った。結局、カメおばぁは現れなかった。けっこういい加減な性格らしい。

以前から薄々気づいていることがあった。この二日間、カチャーシーを習って、やはりそこに辿り着いてしまった。

しばらく前に石垣島の八重山商工の野球部の話を、一冊の本にまとめたことがあった。離島の野球部が甲子園に出たのは沖縄でははじめてのことだった。

夏の甲子園の一回戦だったろうか。僕はそのとき、八重山商工の応援団が陣どるアルプス席で試合を観ていた。

沖縄の高校は、野球部が甲子園に出場しても、在校生が大挙して応援に出かけることはできなかった。飛行機代がかかってしまうのだ。いまのようにＬＣＣが就航している時代でもなかった。ブラスバンドも沖縄からやってくることは難しかった。甲子園周辺の高校のブラスバンド部が混成チームをつくり、沖縄のチームを応援することは、甲子園の伝統にもなっていた。沖縄からやってくるのは、野球部員と応援団の一部だけだった。

代わってアルプス席を埋めるのは、関西で働く沖縄出身の人たちだった。

一回戦はその日の第四試合だった。前の試合が延長戦になり、八重山商工の試合

カチャーシーのバイク説を伝授してくれる青年。新説にうろたえる

ははじまるのが遅れた。試合は途中からナイターになった。

アルプス席で観戦していると、鳶職《とびしょく》姿の男が現われた。ブラスバンドの女子高校生に近づくと、ふた言み言、言葉を交わし、トランペットを借りると、ブラスバンドの一員として、気持ちよさそうに吹きはじめたのだった。おそらく沖縄の高校のブラスバンド部に所属していたのだろう。その日の仕事が終わり、甲子園に駆けつけたのに違いなかった。

隣にふたりの娘を連れた奥さんが座っていた。彼女も沖縄の出身のはずだった。ひょっとしたら八重山商工の卒業生かもしれない。結婚し、大阪に住んでいるのだろうか。

大変な試合だった。八回の裏、八重山商工に守りのミスが出、千葉経済大付属に逆転されてしまった。残るのは九回表だけだった。

しかしここで、八重山商工はヒットが続き、同点に追いつく。アルプススタンドはとんでもないことになった。ブラスバンドは、『ハイサイおじさん』を繰り返し演奏し、スタンドでは全員が立ちあがり、カチャーシーがはじまった。

試合はその後、延長戦に入った。十回の表、八重山商工はヒットを連ね、一挙に三点をあげた。

八重山商工は勝った。スタンドを地鳴りのような声が響き、自然に応援団の手があがっていた。隣にいた奥さんも立ちあがり、カチャーシーを踊り続けている。手の動きはみごとで、やはり島に育った人だった。そのときの光景を、その後にまとめた、『八重山商工の夏』でこう書いた。

——隣にいる奥さんは娘さんと抱き合って喜んでいる。興奮ぎみの横顔をカクテル光線が映しだす。戸惑う娘さんと視線が合った。いまはなんのことだかわからないかもしれないけれど、大人になったらきっとわかるはずだ。お母さんがどうしてこんなにも喜んでいるのか……。

このとき、僕はどうしていたかといえば、ただスタンドに座っていた。八重山商工につきあって、沖縄県大会から試合を観てきた。嬉しくないわけがなかった。しかし腰はあがらなかった。ただ、立ちあがる人々をぼんやり眺めていた。

あのときのカチャーシーは本物だった気がする。じっとしていられないこと。突きあげるような衝動……。そういう場に置かれたとき、沖縄の人たちは腕があがり、足でステップを切っている。それは無意識な体の動きではないか。

人には脊髄反射という反応がある。たとえば、一本の棒を手でつかむ。その棒になんらかの方法で震動を伝えると、人の手は無意識のうちに棒を握りしめてしまう。それは脳を介在した反応ではない。脊髄で反射しているのだ。あのとき、スタンドを包んだカチャーシーは、そんな反射にも似ていた。

嬉しいときにカチャーシーを踊る。繰り返し、繰り返し踊っているうちに、無意識のうちに腕をあげ、足を踏み鳴らすようなステップが刷り込まれていくのだろうか。スイッチが入るということではない。その意識すらない反応……。

僕の体にはその反応がない。

僕の人生にも、それなりの感動はあった。黙って旅を続ける地味な人生かもしれないが、心が大きく振れることはあった。しかしその感動は、本土で生きる僕のものであって、沖縄の人々と共有しているわけではない。そして、僕の喜びは、踊りとつながっていない。ただ、ぽつんとあるだけだ。

体が動かないのだ。

大学を卒業したあと、新聞社に入社した。一度、写真部のカメラマンたちと酒を飲んだことがあった。そのとき、ひとりが、カメラマン体質のような話をした。たとえば交通事故が目の前で起こったとする。横になっているケガ人に向けて無意識のうちにシャッターを押していないと有能な報道カメラマンにはなれない……と。これは撮っておかなくちゃ、という職業意識で写真を撮ったのではタイミングが遅れる……と。

僕はそのどちらでもなかった。無意識にシャッターを押すこともなければ、撮っておかなくちゃとも思わない。ただぼんやりと、なぜ事故に……などと考えていた。こんな性格だから、いまでも文章を書いているのかもしれないが。

以前、中野の沖縄料理屋で、祭りについて話したことがある。沖縄出身のひとりがこんなことをいった。

「父親に連れられて、祭りで使う縄をなうところに行ったことがある。十歳の頃かな。大人たちが、『ゆい』、『ゆい』ってかけ声をかけて縄をなう。『ゆい』って結いを当てるのかな。これが祭りをする意味なんだなって子供心に思ったさー。集落の連帯感っていうか」

その話を聞きながら、ある種のコンプレックスを抱いていた。僕はそんなふうに祭りの準備に加わったこともなかった。父は転勤が多く、小学校は三回変わった。高校を出てからは地元を離れてしまったせいかもしれない。大学に入学して以来、暮らしている東京という街ではよそ者である。いや、それ以前に、祭りの輪に加わることが苦手な性格でもあった。

遠くから盆踊りを眺めることが好きだった。東京にいても、さまざまな祭りはある。しかしそれに加わる気にはなれなかった。ひねくれ者といわれればそれまでだが、少し離れた場所で、祭りを見ることのほうが心地よかった。

いつも客観視しようとすること……そこに美意識を見いだしているようなところがあった。実際には手をくださず、周囲から眺めているだけという誇《そし》りを向けられれば返す言葉もなかった。踊りの音にも反応せず、祭りの輪にも加わることができない性格を自己弁護しているだけかもしれなかった。追いかけていた八重山商工が勝ったというのに、僕は席から腰をあげなかった。取材者だから……と冷静に状況を分析していたわけではない。ただ立てなかったのだ。

「この笑顔で踊れ」と、檄を飛ばすカメおばぁ。指導は延々と続く

しかし沖縄の人の多くは、気がつくと手をあげ、カチャーシーを踊っている。彼らのなかにも、僕のような性格の男はいるだろう。しかしウチナーンチュのなかには、それを越える世界がある。それが彼らのアイデンティティなのかもしれなかった。

「笑顔ッ」

カメおばぁが何度となく口にした言葉の意味がわかった気がした。カチャーシーは踊りではなく、嬉しさを示す手段なのだ。

本土の人間の限界——。いくら踊りがうまくなっても、アイデンティティを身につけることができるわけではない。しかし彼らはウチナーンチュだから、本土の人間が感じてしまう限界には無頓着だ。だから親身になって教えてくれるのかもしれない。しかしいくら努力しても、ウチナーンチュのようにカチャーシーを踊れない気がする。いや、本土人風のカチャーシーを踊ることが身のほどという気がしないでもない。

しかし二日間の練習で、僕のカチャーシーは、少しだけさまになってきた。六月からはじまる栄町市場屋台祭りに顔を出すと、ステージの上でロイドメガネをかけてラップを踊るカメおばぁに見つかるかもしれない。習った以上、最後のカチャーシーの輪に加わらないわけにはいかないだろう。まわりには僕に教えてくれた人たちがきっといる。そしてカメおばぁは、僕の前に立ち、

「笑顔ッ」

とまたいうのかもしれない。

栄町市場　軒の低い市場に流れる百円以下という物価感覚

公設市場と共同売店――。ひと時代前の沖縄をいまに留めるスポットだと思う。貧しかった沖縄をいまに残す場所といってもいいかもしれない。もちろん、年を経るごとに減ってきている。

共同売店は、その地域の住民が共同で運営する店だ。たくさん売れれば住民は配当を受けとるシステムだ。現金がないときは、つけで買い物もできた。その目的のほうが大きかったと思うが。いまでは沖縄本島北部や一部の離島に残っているだけだ。

公設市場も次々に建て替えられている。石垣島や宮古島の公設市場、そして名護……。はじめて沖縄を訪ねたときは、まだ活気が残っていたが、いまは建て替えられている。そこに店を持っていたのはおばぁが多く、建て替えを機に、仕事を辞めるおばぁも多い。代わって入る店舗も多くない。客は郊外の量販店に車で向かっていることがわかっているからだ。宮古島の市場も、建て替えと同時に寂れてしまった感がある。

公設市場と共同売店に共通していたのは、そのなかが薄暗いことだった。まだ冷房が普及していない時代の施設である。強い太陽の日射しを遮ることが、快適さにつながったのだ。市場や店内が薄暗いのはそんな事情があった。どことなくじめッとした空気と、魚や肉、月桃《げっとう》の葉、蚊取り線香……そんなにおいが入り混じっていた。

そのなかで、那覇の三つの市場が生き残っている。牧志の公設市場、栄町市場、農連市場である。

牧志の公設市場は、地元の人も買い物にやってくるが、国際通りに近いことから、観光客向けの市場になって生き残った。しかし栄町市場と農連市場は、観光客も少なく、ともに再開発の波が打ち寄せた。栄町市場がなんとか生き残っている様子は本文でも触れている。しかし農連市場は、再開発が決まってしまった。本書では、第六章で阿部稔哉カメラマンが紹介している。沖縄好きなら、最後の農連市場を目に刻みつけておきたいところだろう。

沖縄の市場を歩いて気づくことがある。それは建ち並ぶ商店の軒の低さだ。どういう基準でつくられたのかは知らないが、二メートルほどの高さしかない。背の高い人なら、軒に頭が触りそうで、つい腰をかがめてしまう。それが市場の密度を醸しだしていた気もする。

ひょんなことから、昼間、栄町市場の店の二階で原稿を書いていたときがあった。建てつけの悪い窓を開けると、市場の建物の屋根が見渡せた。何本もの電線がその上を走っている。市場を歩くと、そこそこの建物に見えるのだが、屋根は戦後のバラックを思わせた。サビついたトタンが連なっていたのだ。瓦屋根などどこにもない。雨漏りが起きている店もあるのかもしれなかった。

沖縄に向かうとき、財布のなかの紙幣が気にかかる。一万円札が一枚といったときは、なんとか千円札に両替しようと思う。那覇の銀行のＡＴＭで引き出すときも、できるだけ千円札が多くなるようにする。ときに守礼門がデザインされた二千円札だけが出てくるときもある。本土ではあまり見かけない紙幣だが、沖縄ではかなり出まわっている。

余談だが、この二千円札は海外でもよく目にする。現地通貨を日本円に替えたりすると、全部二千円札で渡されたこともあった。サミットを機会につくられた紙幣だが、なぜか本土以外で流通するという道を歩んでいる。

両替する理由は、一万円札を払うと、沖縄では釣りがないことが多いからだ。沖縄はタクシーも安い。沖縄本島は基本料金が五百円のタクシーが圧倒的に多

栄町市場の昼は商店が並ぶ。市場だからあたり前か。しかし夜は下の写真に

商店の前に飲み屋がオープンする。店は客が増えると広がっていく

い。本土ではめったにタクシーに乗らないのだが、沖縄ではつい乗ってしまう。運賃を支払うとき、一万円札を出すと釣りがない。僕の行くような居酒屋は、二千円、三千円ですんでしまうという世界だから、やはり一万円札を出すのは気が引ける。

しかしその桁が、もうひとつさがるのが栄町市場だった。八百屋に並ぶ野菜は、六十円とか八十円というものもある。じーまみー豆腐はひとつ三十円という店もあった。数年前まで一杯三十円のコーヒーもあった。インスタントコーヒーだったが。

先日、市場のなかの小さな居酒屋に座り、缶ビールをひと缶飲んだ。値段を聞くと、ひと缶、二百円だった。

栄町市場が、沖縄の物価と無縁というわけではない。ちゃんと消費税も課せられている。しかし市場に流れる物価感覚というものがある。栄町市場のそれは、貧しかった沖縄を引きずっているような気がしてしかたない。豆から挽いた本格コーヒーより、一杯三十円のインスタントコーヒーのほうが売れる市場なのである。

第三章　LCC

台風欠航で揺れる
沖縄フリークの胸のうち

僕はしばしば沖縄の那覇行きＬＣＣに乗る。那覇から先の離島への便もＬＣＣを選ぶことが多い。ＬＣＣはローコストキャリアの略。格安航空会社である。かつてはいくつかの呼び方があったが、最近はＬＣＣで通用するようになってきた。

ＬＣＣはさまざまな経費の節減やシステム化によって、安い運賃を実現させる航空会社群である。

預ける荷物や機内食を有料にしているところも多い。座席の指定にも料金がかかることもある。飛行機は燃費のいい中型機に統一している傾向があるため、短・中距離路線を得意にしている。少しでも多くの乗客を乗せるため、座席間隔も狭くなっている。

ＬＣＣが急成長し、パイロット不足が起きていることも、このあたりに理由がある。パイロットは機種ごとに操縦資格をとらなくてはならない。中型機の資格をもったパイロットに求人が集中してしまっているのだ。

混みあう大空港を避け、できるだけ効率のいい運用をめざすのもひとつの特色。

なかには専用のターミナルを設ける航空会社もある。できるだけ空港ターミナルの使用料を少なくしようとしているのだ。飛行機まで乗客が歩くことも珍しくない。

そして予約はインターネットに一本化する。一部のＬＣＣは電話やコンビニ経由で予約もできるが、航空券の販売店舗を持たないことを特色にしている。こういった思いつくかぎりの経費の節減を、運賃に反映させ、集客に結びつけるという発想である。

パイロットや客室乗務員の給料も、既存の航空会社より抑えている。

ＬＣＣはアメリカで生まれた。そしてヨーロッパ、アジアへと波及していった。日本はＬＣＣの運航が遅れた。本格的にＬＣＣが日本の空を飛ぶようになってから、二年しか経っていない。

日本航空や全日空など、既存の航空会社は、早い予約を大幅に割り引くなどの対応をとっているが、やはりＬＣＣのほうが圧倒的に安い。

しかし限度というものもある。心が乱れるのは、その発着時間だった。

東京の場合、ＬＣＣは成田空港に集まっている。都内から空港まで遠く、その交通費もかかるのだが、ＬＣＣの就航に合わせるように、空港行きの格安バスも運行されるようになった。銀座や東京駅を出発する東京シャトルとＴＨＥアクセス成田という二社のバスで、料金は九百円と千円である。すぐに高速道路に入るため、成田空港まで一時間ほどで着く。

ここ一、二年、成田空港までの足は、もっぱらこのバスになってしまった。僕は月に一、二回は海外に出ているが、成田空港から国際線に乗るときも、このバスを利用している。

以前、このバスの利用者はそれほど多くなかった。予約をせずに乗っていたが、しだいに知れわたってきたのか、最近は満席になることも多い。事前にインターネットを通して予約をするのだが、午前一時台や二時台のバスが、軒並み満席になっていることが多かった。終電で東京駅までやってきて、このバスで成田空港に向かうのである。徹夜で空港まで向かうようなものだ。

理由はわかっていた。ＬＣＣのなかには、朝の六時台に出発する便が何本もある。六時に出発するバニラエアの札幌行きに続き、六時十分発のジェットスターの那覇行き、そして六時三十分発の関西空港行き……。国内線だから一時間前にチェックインをしようとすると、こういう深夜のバスに乗らなくてはならなくなってしまう。住んでいるエリアにもよるが、最寄り駅を出発する始発電車に乗っても、成田空港に着くのは六時半頃になってしまう。これでは六時台に出発するＬＣＣには間に合わない。成田空港近くのホテルに前泊する方法もあるが、その宿代を考えると、ＬＣＣを選んだ意味がなくなってしまう。おのずと、午前一時台、二時台に出発するバスに予約が集まってきてしまう。

那覇行きの航空券を予約する画面の前で、考え込んでしまった。

成田空港から那覇までは、ジェットスター、バニラエア、スカイマークなどのＬＣＣが就航している。運賃を比べると、その日はジェットスターが安かった。午前六時十分発の便が六千七百二十円だった。やはり安い。しかし出発が六時十分なのである。次の便を見た。八時二十分発もあった。これなら、始発電車に乗れば十分に間に合う。いや、東京駅を六時発のバスに乗ってもいいわけだから……と乗り継ぎを検索する。僕は杉並区に住んでいるから、五時半頃の電車に乗っても間に合うことになる。

これは楽ではないか。

しかし二千円だった。

八時二十分発の便は、六時十分発に比べて二千円ほど高くなっていたのだ。

二千円で心が乱れるのである。

航空券は安いほうがいいに決まっている。しかし、安い便に乗るためには、午前一時台や二時台のバスに乗り、ほぼ徹夜に近い状態で飛行機に乗り込まなくてはならないのだ。そのあたりをＬＣＣは巧みに突いてくる。運賃を眺めていると、悪魔のような航空会社に思えてくる。いったいどういう顔つきをした男が、この運賃を決めているのだろうか。いや、エクセルの表づくりに長けた女性が、冷徹な視線で、損益分岐点はここね……とばかりに、ぽんとリターンキーを押しているのかもしれなかった。しかしその運賃の前で、もう六十歳になろうとする男は悩むのである。

二千円という額は高額というわけではない。少し厚めの単行本は、このくらいの額になることがある。飲み会ともなれば、三千円、四千円が消えていく。しかしＬＣＣの運賃は、六千円台と八千円台では、かなりの差に感じてしまう。価格というものは、えてしてそういうものだ。そしてＬＣＣの場合、安いほうの運賃をクリックしたとたんに覚悟が決まる。節約モードにスイッチが入ってしまうのである。

モニターの前で、あれやこれやと悩む。八時二十分の飛行機を選び、那覇の宿を安くすればトントンではないか。いや、ビールを飲まない夜を、ひと晩つくればいいだけではないか……。

最後は諦めのクリックだった。六時十分発のジェットスターに乗る。ということは一時半発の東京シャトルになる。これまでなんとか避けてきたバスだった。乗りたくはなかったのだ。ＬＣＣという航空会社は、なぜこうも過酷な旅を要求するのだろうか。いや、二千円、多く払えばすむことなのだが。

平日だったので、事務所で仕事をし、終電近い地下鉄で日本橋駅へ向かった。バス乗り場は東京駅の八重洲口側なので、日本橋駅から、そう遠くない。しかし日本橋駅に着いたのは、午前零時少し前だった。バスが出るまでまだ一時間以上ある。

この時間帯の八重洲口は外国人の街のようだった。路地の入口には中国系女性が立ち、マッサージをしつこく誘ってくる。入る店もなく、しかたなく二十四時間営業のマクドナルドに入ると、店員はフィリピン人と中東系の男性だった。飲みたくもない百円コーヒーを前に、店内を見まわすと、キャスターつきのバッグを引いた人が多い。

（そういうことか……）

と、ひとり納得した。午前一時台から二時台にかけ、数本の格安バスが成田空港に向けて出発する。その乗客だった。モニターの前で悩んだ人が大多数だろう。少しあとの便なら、早朝のバスになるから、マクドナルドで時間をつぶすこともないのだ。悩んだあげく、安さに負けた人たちだった。なかには、安いことがいちばん、とばかりに予約をとってしまい、どうやって成田まで……と慌て、いま、マクドナルド……という人もいるかもしれなかった。そう眺めると、ほほえましくもあるのだが、そんな余裕があったのはマクドナルドまでだった。そのあと、少しずつただ待つだけという意味のない時間に放り込まれていくことになる。

バスは定刻に発車した。満席である。すぐに高速道路に入るのだが、妙に走り方がのんびりしている気がした。深夜の高速道路だからすいている。しかしそのなかをバスは急ぐわけではない。発車後、バスの運転手の説明を思いだした。途中の酒々井《しすい》サービスエリアで休憩し、成田空港には午前三時前後に着くという放送が車内を流れた。通常なら一時間で着く距離を、あえてゆっくり走り、休憩もとり、一時間半をかけて成田空港に着くスケジュールだった。

その理由を、成田空港に着いて知らされることになる。乗客はぞろぞろとバスを降りたが、入口のドアの前に人だかりをつくっていた。見るとドアが閉まっていた。空港ターミナルに入ることができないのだった。バスに乗ったのは五月だった。外で待っていても苦にはならないが、冬場はきつい。二千円を節約したばかりに、寒空の下で待たなくてはならなくなる。多くの乗客は、車内でうとうとした程度で眠気が募る。そこに寒さが追い打ちをかける。ＬＣＣは、修行僧の旅を強いるかのようである。

深夜１時の東京駅前バス乗り場。寒い季節になったら、かなり辛いだろうなぁ

成田空港のドアが開くのを待つＬＣＣの乗客たち。することはなにもない

それでも三時半、警備員が入口の鍵を開けてくれた。そしてターミナル内の灯りが次々についていった。どやどやと乗客は空港内に入る。僕と阿部カメラマンは動きはじめたエスカレーターに乗って、ジェットスターのチェックインカウンターに向かった。しかしチェックインフロアの電気は消えていた。自動チェックイン機の画面だけが光っていた。試しに予約データを打ち込んでみたが、チェックインはできなかった。通路に沿って置かれた椅子で休むしかなかった。あいたスペースを見つけて腰をおろす。横になると寝てしまいそうだった。しばらくすると、チェックインのアナウンスが聞こえた。四時十分を少しすぎていた。出発時刻の二時間前にチェックインを開始するということなのだが、こういうことを律儀に守らなくても……と呟《つぶや》いてしまう。四時三十分に開始することを教えてくれたら、目覚ましをセットして椅子で眠ったかもしれない。

預ける荷物はないから、チェックインはあっという間に終わってしまった。その足でセキュリティチェックに向かったのだが、そこで溜め息をつくことになる。入口のドアは閉められ、職員の姿もなかった。ベンチのような椅子で休むしかなかった。ぼんやり座っていると、すーッと眠りに落ちそうになる。セキュリティチェックはいつはじまるのだろうか。三十分ほど待っただろうか。何人もの職員が現れ、

ここで眠ったら飛行機に乗り遅れてしまいそうで、PCのスイッチを入れた

機械にスイッチが入れられた。午前五時前だった。

このあとは搭乗待合室で待つだけだったが、五時半頃にはバスに乗り込んだ。すべて三十分だった。バスが三十分ゆっくり走り、成田空港のドアの前で三十分待ち、チェックインカウンターで三十分、セキュリティチェックで三十分。そして待合室で三十分……。これをすべて合計すると二時間半になる。この時間、眠ることができたらどれほど体が軽くなるだろうか。

乗り込んだ機内はすいていた。LCCの飛行機は、エアバス320かボーイング737という中型機が多い。燃費がいいからだ。このタイプは中央に通路があり、左右に三席ずつ椅子が並んでいる。運よく、三席をひとりで独占できた。飛行機が安定飛行に入り、僕は着ていたジャンパーを枕にして体を横にした。もし、成田空港が午前二時に開き、チェックインの時間が遅れたら、空港のソファでゆっくり眠ることができた……などと考えているうちに、すとんと眠りに落ちてしまった。ジェットスター301便は、南西に向けて朝焼けの空を進んでいる……はずだった。

六時十分に発ったのだから当然なのだが、九時すぎに那覇空港に着いてしまった。すでに梅雨に入っていて那覇の空気は重かったが、どこか甘い香りのする那覇の風に吹かれると、沖縄に来たな、といつも思う。

「始発電車に乗って成田空港に行くときは四時起き。三、四時間ぐらいしか眠れないわけでしょ。六時十分の飛行機がすいていれば、体を横にして眠れるわけだから、同じようなもんかもしれないな」

空港を出たところで、阿部カメラマンに話しかけた。それは負け惜しみにしか聞こえなかったかもしれない。

ＬＣＣと呼ばれる飛行機にはじめて乗ったのは、東南アジアだった。マレーシアのクアラルンプールを拠点にするエアアジアが就航したのは二〇〇一年だった。路線によっては千円を切るような運賃が話題になった。エアアジアは急成長し、タイやインドネシアにもそれぞれの国のエアアジアが生まれたのが二〇〇四年。その頃から、僕は頻繁にＬＣＣに乗るようになった。東南アジアでは、次々に新しいＬＣＣが運航をはじめ、ＬＣＣ間の競争すら生まれていた。

日本にもスカイマーク、スターフライヤー、エア・ドゥなど、安い運賃の航空会社が誕生していた。一九九八年には、スカイマークの東京—福岡線が就航している。しかし日本では、東南アジアのような爆発的な広がりはなかった。数々の規制がネックになり、日本航空や全日空といった既存の航空会社が運賃や機体整備、空港使用などでさまざまな圧力をかけてきた。安い航空会社の運航はなかなか軌道に乗らなかった。

スカイマークやスターフライヤーなどをＬＣＣと呼ばない人もいる。その定義が曖昧ということもあるのだが、僕にとっては十分にＬＣＣだった。

沖縄に行くことが多かった。仕事もあったのだが、十数年ほど前に、僕は重度の沖縄病に罹っていて、多いときは月一回のペースで沖縄に足を運んでいた。東南アジアから日本に帰るときも、沖縄経由にすることが多かった。

「下川さんって、気がつくと沖縄にいますよね」

沖縄在住の知人から、よくそういわれたものである。

しかし沖縄への航空券は高かった。使っていたのは、旅行会社が売り出す格安航空券というものだった。株主優待券、団体割引、早い予約などを利用したものだった。なかには他人の名前の怪しげな航空券もあった。

はじめて飛行機に乗ったのは、二十一歳のときだった。初の海外旅行だった。そのときに買ったのが、海外で発券された航空券だった。当時の日本では違法といわれていたものだ。はじめからルールを破った航空券を使った汚れた身だったから、沖縄行きの航空券から怪しいにおいが漂ってきても、なんの抵抗もなかった。

それでも高かった。片道一万六千円ぐらいはした。往復で三万円を超えてしまった。ときに片道九千円という破格の航空券が売り出されたこともあった。なぜそれを覚えているかというと、この金額が、沖縄フリークだけでなく、東京で働く沖縄出身者の間で一気に広まり、彼らと会うたびに、この航空券の話題になったからだ。もちろん、ほとんどの人は、この航空券を買うことはできなかったが、運賃だけはひとりで歩いていた。それほどまでに、安い航空券を望む思いは強かった。

沖縄出身者のなかには、安い身障者割引を買ってしまう人もいた。

「足を引きずるようにしてチェックインカウンターに行けば、乗せてくれるさー」

しかし世のなかはそう甘くなかった。身障者手帳が必要で、しっかりと差額を請求されたという話も、沖縄フリークが集まる東京の沖縄居酒屋では飛び交っていた。

しかし格安航空券への締めつけはしだいに強くなり、安い航空券は減っていった。沖縄まで片道二万円を切る程度の航空券が主流になっていった。往復で四万円近くなってしまう。これは那覇までの話であって、宮古島や石垣島になると、さらに片道で一万円近く高くなった。往復で六万円……。当時、タイのバンコクへ行く格安航空券が往復で五万円を切り、安いときは三万円台になることもあった。沖縄はとんでもなく高い国内だったのである。ビーチをめざすなら、グアムやサイパンのほうが、はるかに安かった。

そのなかで運航を開始したスカイマークに、沖縄病患者たちの目は輝いた。羽田から那覇まで片道一万二千円ほどになってきた記憶がある。東南アジアのＬＣＣに比べれば、まだまだ高かったが、僕のなかでは、日本のＬＣＣに映ったのである。

そう実感したのは、那覇と宮古島を結ぶ路線だった。二〇一一年、この路線にスカイマークが就航したのだ。

沖縄のなかで、宮古島へ行く回数は多かった。安い船を使ったこともあったが、やがてその船も運休になり、飛行機が島に渡る唯一の方法になった。割引航空券も少なく片道一万円もした。よく使ったものに離島割引があった。これは沖縄の離島に住む人に限定した割引で、離島住民カードを提示すれば二割引きになった。僕は東京に住んでいたので本来は使うことができなかったが、宮古島に住む知人に買ってもらった。名前は「下地」とか「砂川」になったが、国内線はとくにチェックはなかったので、飛行機に乗ることができた。そのうちに、宮古島の旅行会社で買うと、僕の名前で離島割引で売ってくれるようになった。チェックインのとき、「離島住民カードはお持ちですか？」などと聞かれるのではないかと気を揉んだが、チェックは一回もなかった。島ぐるみの「あうんの呼吸」がゆきわたっていた。

しかし離島割引といっても、片道一万円の航空券が八千円ほどになるだけである。そこに就航したスカイマークは、片道四千円台で売りだされたのだった。半額以下だった。そして一日に五便もあった。

島の人たちの目の色が変わった。

「これなら那覇で開かれる忘年会に出ることができるじゃないか」

「那覇の人がゴルフをやりに宮古島に来るな」

などという会話が飛び交った。

宮古島の人たちにとって、那覇路線は生活路線である。那覇に本社のある会社に勤める人は、会議のために乗らなくてはならない。島ではできない治療のために那覇の病院に行く人もいる。部活に入っている子は、県大会に出るために那覇に行かなくてはならない。その応援のために飛行機に乗る親もいる。

東南アジアを思いだした。ＬＣＣの就航は、既存の航空会社にとっては脅威だった。ＬＣＣ側はこう説明したといわれる。

「ＬＣＣは空飛ぶ路線バスです。これまで長距離バスに乗っていた人が飛行機を使うようになるんです」

詭弁にも聞こえたが、たしかにそんな面はあった。ＬＣＣが打ちだす運賃はバス並みだった。チェックインカウンターに出向くと、日に焼けたおじさんが、畑で使うかごを背負って列に並んでいる姿をときどき見た。学生も多かった。運賃が安くなったことで、飛行機が一気に手軽な乗り物になったのだった。

宮古島と那覇の間にバス便はなかったが、同じような感覚が島に広がっていた。スカイマークも、東南アジアのＬＣＣと同じようなロジックを口にしていたのかもしれない。

慌てたのは、この路線に就航していた日本航空系の日本トランスオーシャン航空と全日空だった。

しかしそこには、島の論理も横たわっていた。とくに日本トランスオーシャンは、地域に密着した歴史を刻んでいた。乗客を運ぶ一方で、郵便物や宅急便を運んだ。島でイベントがあれば、協力企業になった。宮古島の高校生のチームが県大会で勝ち進むと、生徒の運賃を割り引いてくれた。島の出身者のなかには、日本トランスオーシャンに勤める人も多かった。基幹産業が少ない島の経済のなかで、日本トランスオーシャンは、安定した優良企業だったのだ。

「俺だってスカイマークに乗りたいよ。でも甥がトランスオーシャンで働いているんだよ。その手前ってものがあるわけさ」

「毎年、イベントに寄付してもらってるけど、それが切れると大変さ。上から、スカイマークには乗るなっていわれてる」

島の社会は狭い。航空会社との関係が縦横にはりめぐらされている。そこに参入したスカイマークは、大きな波を起こしてしまう。

しかし安い運賃に流れていくのは止めることができなかった。人目《ひとめ》につかないように、ひっそりと乗り込む人も多かったのかもしれないが、少しずつ、スカイマークになびいていった。日本トランスオーシャンや全日空も、大幅な値下げに踏み切っていく。那覇と宮古島を結ぶ路線は、一年ほどの間に、半値近くになっていった。

これがＬＣＣ効果だった。

僕が知るかぎり、日本ではじめて、はっきりとした形でＬＣＣ効果が出たのがこの路線だったと思う。日本の空のＬＣＣ時代は、那覇－宮古島路線からはじまった気がする。

しかし那覇空港や羽田空港でのスカイマークは、切ないほど冷遇されていた。那覇空港の宮古島行き便のチェックインカウンターは、一階の郵便局裏だった。こんなところにスペースがあったことすら知らない場所だった。羽田空港の搭乗ゲートは、いつもいちばん隅だった。

その後、スカイマークは運休にも追い込まれている。日本トランスオーシャンと全日空がさらに値下げし、スカイマークの搭乗率がさがってきたのだ。スカイマークの運休を受け、日本トランスオーシャンと全日空が運賃を値上げする。宮古島の人々は、露骨なスカイマーク潰しを目のあたりにすることになる。その後、スカイマークが復活し、再び激しい競争が続いている。

スカイマークは台風への対応も違った。

八月から九月にかけ、沖縄はしばしば台風に襲われる。そのとき、沖縄に滞在していた沖縄フリークたちの目は急に輝きはじめる。飛行機が全便、欠航になることがあるのだ。

「いや、海を泳いででも帰って、明日、出社したいんですけど……台風なんです。全便欠航で、いつ飛ぶかどうか……」

弾む心を抑え、つい洩れそうになってしまう笑いを噛み殺しながら、会社に電話をかけるわけだ。もう一日、沖縄にいることができる……。台風の風雨のなか、なじみの居酒屋にいそいそと出かけることになる。

そんな沖縄フリークには、ありがた迷惑に映ったのかもしれないが、既存の航空会社は、台風が去り、運航が可能になると、次々に臨時便を運航させた。一時間でも早く乗客を目的地まで送り届けようとするわけだ。一時間でも長く沖縄にいたいフリークたちだが、思っていたよりも早く飛びはじめた飛行機に、鼻白む思いで乗り込むことになる。

しかしスカイマークはそう簡単ではなかった。既存の航空会社と違い、ＬＣＣは予備機を持っていなかった。これも経費の節約策のひとつだった。台風で欠航になってしまっても、臨時便を出すことができなかったのだ。

一度、その場に遭遇したことがある。激しくなる風雨のなか、那覇空港に向かった。チェックインカウンターに向かうと、東京に戻るスカイマークは、「欠航」になっていた。その日の午後に出発する便は全便がキャンセルになっていた。

　僕の前にいる中年男性が説明を受けていた。その内容が聞こえてきた。

　増便の予定はなく、明日の便は、今日の便の乗客が移って満席になっていた。選択肢は三つあった。二日後の便を予約する。明日の便でキャンセル待ちをする。そして最後は、全額を払い戻して、他社便に替えるというものだった。

　その男性は少し悩んでいた。そして全額払い戻しを選んだ。その場で一万二千円ほどを受けとっていた。僕の番になった。

「明日のキャンセル待ちなんですが、可能性は……」

「それは明朝になってみないと。チェックインは六時にはじまりますから、その頃に空港に来ていただいて、キャンセルを待っていただくことになります」

　今日の乗客が明日の便になだれ込んでいるわけだから、明朝にキャンセルが出る可能性は少ないかもしれなかった。払い戻してもらっても、日本航空や全日空は片道一万二千円というわけにはいかないだろう。早く戻って仕事をする……そんな律儀な人生を考える頭の耳許で、沖縄の二文字が蠱惑《こわく》のにおいを携えて囁《ささや》く。重症の沖縄病患者なら、即座に二日後の予約を入れて、言い訳を考えはじめるだろう。天気予報は今晩には暴風域から抜けると報じている。明日から二日後までの時間を嘘で埋めなくてはならない。

小心者の僕の心は乱れる。ここで二日後に決められないあたりで、かろうじて原稿を書きながら生きてこられたのだろうか……。そこでくだしたのが、実に僕らしい決論だった。二日後の予約は入れる。しかし明日の朝は、一応、キャンセル待ちのために空港にやってくるという折衷案だった。明朝に乗ることができなければ、それだけ沖縄に呼ばれているのだという勝手な解釈だった。

ターミナルを出ようとすると、僕の前にいた中年男性と出会った。その人も僕を覚えていて、

「今晩のホテルはどうされます？」

と聞いてきた。台風で飛行機が欠航になると、那覇のホテルは一気に満室になる。しかし僕が泊まっていた宿は、インターネット予約もできないホテルだった。部屋が空いている可能性があった。電話をかけると、簡単にシングルがふた部屋とれてしまった。

その夜にその中年男性と宿の近くの居酒屋に入った。泡盛を飲んでいると、彼の携帯電話が鳴った。

「明日の夕方七時の臨時便で席がとれたっていう連絡です。ＪＡＬから」

彼はスカイマークから払い戻された金に、おそらく数千円を加えて日本航空便の予約を入れたのだろう。

翌朝、僕は空港に出向いた。キャンセル待ちは二番だった。そして僕まで搭乗することができた。幸運なのか、運が悪いのか……ふたつの思いに苛まれながら、飛行機に乗り込んだ。ＬＣＣはときに、沖縄に憑かれてしまった人間を、右往左往させてしまうのだった。

二〇一二年——。日本の空のＬＣＣ元年といわれる。三月に関西空港を拠点にするピーチ・アビエーションが就航。成田空港からは七月にジェットスター・ジャパン、八月にはエアアジア・ジャパンが運航を開始した。成田空港に乗り入れた本格ＬＣＣは、これまで使っていた羽田発着のスカイマークが吹き飛んでしまうほど安かった。就航キャンペーン運賃は別にして、成田から那覇まで片道六千円台、頑張れば四千円台の航空券を手に入れることができた。スカイマークの半額以下の運賃が打ちだされていた。その後、スカイマークも成田への乗り入れをはじめ、羽田発着より大幅に安い運賃がモニターに躍りはじめた。これもＬＣＣ効果というのだろうか。

那覇行きの本格LCCにはじめて乗ったのは、エアアジア・ジャパンだった。待合室は、駐車場につくられたような仮設スペースだった。そこにあるトイレも工事現場にあるような仮設型で少しにおった。預ける荷物は有料で、座席指定にも費用がかかった。それどころか、チェックインが遅れると追加料金を払わなくてはいけなかった。チェックインから座席に着くまでの流れは、マレーシアのエアアジアによく似ていた。東南アジアで何回となく乗っていたから、とりたてて戸惑うことはなかったが、これがはじめてという人は、ずいぶんストレスを感じたかもしれない。

LCCの機内には、人をいじけさせる空気が漂っている。席の間隔が狭くても、「安いんだから」と自分を慰め、到着時刻が一時間遅れても、「仕方ないか、安いんだものな」と自分を丸め込む。そんな世界が、日本の空に広がりはじめたわけだ。

しかし安かった。ついにんまりしてしまうほどの運賃だった。日本航空と全日空の独占時代に比べると四分の一ほどの値段になった。飛行時間は三時間ほどだから、狭い座席もそれほど苦にならない。

それから二年。LCCの変化は、若い航空会社らしく激しかった。エアアジア・ジャパンは、マレーシアのエアアジアと全日空が共同出資したLCCだった。しか

スカイマークは沖縄のLCCの草分け。いまも頑張っている

しエアアジアが手を引き、全日空の百パーセント子会社のバニラエアに変わった。

このあたりが、日本型LCCに変わっていくきっかけだったような気がする。関空を拠点に、全日空の完全子会社としてスタートしたピーチ・アビエーションの人気がテキストになっていった。

LCCは海外で生まれた航空会社群である。そのスタイルをそのまま日本の空に持ち込んだのだが、日本流の機内サービスに慣れていた乗客にはストレスを生んだ。たとえば機内での食事。海外のLCCでは、機内に持ち込めないことが多い。しかし日本の空には、機内で弁当などを食べる文化があり、空港では「空弁」まで売っていた。はじめの頃は、それを禁止する機内放送が流れていたが、最近は、「ビールなどのアルコール類を持ち込んで飲むことは禁止」とまでトーンダウンしてきた。以前は、客室乗務員に見つからないようにこっそり食べるという、高校生の早弁スタイルをときどき見かけたが。

LCC間の競争も起きてきた。再スタートしたバニラエアは、預ける荷物が二十キロまで無料になった。

那覇空港には、ピーチ・アビエーションとバニラエア専用のLCCターミナルも出現した。この話を聞いたとき、旧那覇空港を使うのかと思ったが、専用バスが着いたのは、カーゴターミナル内の倉庫群のなかだった。いまはなくなってしまったが、シンガポールのチャンギ空港のなかにあったLCC専用のバジェットターミナルによく似ていた。

那覇空港のLCC専用ターミナルはLCC仕様になっていて、乗客は飛行機まで歩いて向かう。雨が激しいときは、バスで運んでくれるが。

しかしこのターミナルは、かなり不便である。メインのターミナルからそれほど離れているわけではないのだが、専用バスでしか行くことができない。入口ゲート

講堂ではありません。これが那覇のLCC専用ターミナルの待合室です

まだ朝5時台、那覇行きジェットスターに搭乗する。皆、眠い。僕も眠い

に警備員がいて、車やタクシーが止められてしまうのだ。バニラエアやピーチ・アビエーションの出発時刻に合わせて、無料のシャトルバスが走っているが、便のない時間帯は、このシャトルバスも来てくれない。早めに行って、ターミナルでぼんやりするか……といったことができないのだ。

「ここまで経費を節約しているんですよ」という演出のにおいもしてくるのだが、LCC側には別の思惑があるとも聞いた。将来、那覇をLCCの国際線のハブ空港にしようとする構想だという。

那覇はアジアの主要な都市に近い。台北、上海、香港、ホーチミンシティ、マニラ、バンコク……こういった都市へ、現在の中型機で向かうことができるのだ。日本各地からLCCで那覇に飛び、そこから先をさらにLCCでつないでアジアへ……。どこか琉球王国の中継貿易をほうふつとさせるような話にも聞こえた。

これからアジアに向かうとき、僕は那覇乗り換えになるのかもしれない。そんなことを考えながら、沖縄の台風を思いだしていた。那覇の空港で、予約をめぐって心が揺れる日々が多くなるのだろうか。

石垣空港　ＬＣＣが生む節約モードという多忙

新石垣空港は、二〇一三年の三月に開港した。滑走路の長さは二千メートル。これで中型機や本土への直行便も利用できるようになった。

以前の石垣空港の滑走路は短かった。千五百メートルしかなかったのだという。何回も旧空港に飛行機で降りたが、停まり方がいつも急だった。前の座席の背に手をつかないと、体が前につんのめりそうになった。

一度、紙製の手提げ袋にかなりの資料を詰め、この路線に乗ったことがあった。手提げ袋は、前の座席の下に、口を前にしておいていた。座席はまんなかあたりだった。空席が目立つ便だった。

飛行機が空港に着陸する。いつものように急ブレーキがかかる。すると、手提げ袋に入っていた資料が、ツツツーッと前に向けて飛びだしていってしまった。飛行機が停まり、僕はその資料の回収に走らなければいけなかった。ファイルに入った資料の一部は、最前列あたりまで移動していた。それほど、旧石垣空港の着陸後の停まり方は急だったのだ。

しかし新空港の建設はもめにもめた。案によっては周辺の漁業はできなくなる可能性もあり、サンゴ礁の保護団体も反対した。しかし島民には賛成する人も多かった。観光客が増えることが期待できたのだ。

問題は着陸より離陸だったという。短い滑走路で飛びたたなければいけないため、飛行機の重量を軽くしなくてはいけなかった。そのために、多くの燃料を積み込むことができなかったのだ。本土への直行便が消費する燃料を積み込むことができず、宮古島や那覇で給油のために着陸しなくてはならなかったのだという。

石垣島はLCCの就航も遅れた。宮古島にスカイマークが乗り入れたときの話は本文で紹介した。半額以下になった運賃の話を、石垣島の人々は、羨望の眼差しで聞くしかなかった。石垣島から那覇に行くには、宮古島に寄ったほうが安いなどという話を聞いたことがある。

石垣島と宮古島はその対抗意識が強い。このふたつの島の男たちの飲み会になると、決まってそんな話になる。

「宮古には自動車教習所がふたつあるけど、石垣はひとつさー」

「宮古に屋根つきのアーケード商店街はあるかー?」

「コンビニはうちのほうが多いからな」

五十歩百歩というか、目くそ鼻くそを笑うような話なのだが、島の男たちは真剣だった。

石垣島の八重山商工が沖縄の離島勢としてはじめて甲子園に行ったときの、宮古島の男たちの悔しがり方は尋常ではなかった。

宮古島に就航したスカイマークは、石垣島の人たちの対抗意識を、かなり刺激していたのかもしれない。

そしてようやく、新石垣空港が開港したのだ。スカイマークが乗り入れ、関西空港や那覇からピーチ・アビエーションが就航した。僕は一度、那覇空港から新石垣空港に飛ぶピーチ・アビエーションに乗ったことがある。片道二千九百円ほどだった。安かった。那覇から宮古島へ行くより安い運賃が設定されていたのだ。

石垣島の男たちは溜飲をさげたのだろうか。しかし、ことはそう簡単ではないようだった。

新石垣空港が開港して一年がすぎた。石垣島を訪れる観光客は三〇パーセントも増えたそうだ。しかし石垣島の知人たちの顔色は冴えなかった。その話にあまり触れたくないような雰囲気すらあった。

土産物店を経営する知人がこんなことをいう。

「お客さんが増えて、これはいいって最初は思ったんですよ。とにかく忙しくなって、これは従業員を増やさなくちゃいけないって思いましたね。それで売り上げをちゃんと調べてみた。そのとき、愕然としましたね。売り上げの点数は増えているっていうのに、売上額があがっていないんです。どういうことって思いました。つまり、安いものだけが売れるんですよ」

ホテルのマネージャーをしている知人はこんなことをいう。

「リーマンショックのあと、観光客が一気に減ったんですよ。それでホテルは値段をさげた。そこから値段を元に戻せないでいるんです。少し値段をあげると、急に客足が遠のく。逆に朝食代を百円引いたサービスを打ち出すと、一気に増える。新しくやってくる観光客は、すごくシビアなんですよ」

これもLCC効果というらしい。人は不思議なもので、安いLCCに乗ってやってくると、石垣島で使う金も節約モードに入ってしまうようなのだ。それを島の人たちは見抜くことができなかった。

「忙しいだけで、まったく儲けが増えない。もう疲れるだけ。酒でも飲まないとやってられないさー」

ＬＣＣに乗って次々にやってくる観光客を前に、石垣島の男たちが飲む泡盛の量は、前にもまして増えているという。

第四章

琉球王国と県庁

沖縄のタブーに潜む
琉球王朝の血

少し物騒な話からはじめる。フィリピンのアメリカ軍基地の話である。一九九一年から九二年にかけ、アメリカ軍はクラーク空軍基地とスービック海軍基地から撤退した。表向きは、東西冷戦時代が終わったことや、ピナトゥボ山の噴火で基地が被災したことが要因とされている。もっとも今年（二〇一四年）、南シナ海へ進出しようとする中国を牽制するためか、アメリカ軍は再び、フィリピンに駐留することになったのだが。

撤退から数年後、フィリピン駐在の記者からこんな話を聞いた。

「あるアメリカ軍の幹部が話していたんだけど、クラークとスービックの基地では、一年間に五人ぐらいのアメリカ人兵士が殺されていたんだそうです。フィリピン人民軍によってね。彼らが基地の労働者になりすまして入り込んでいるんですよ。これはたまらない……と。ピナトゥボ山の噴火は、撤退するいい口実になったっていうんです」

フィリピン人民軍とは、新人民軍のことでフィリピン共産党の軍だった。現在も約四千人の兵力を持っているといわれる。なにかひと時代前の話のようにも聞こえるが、これがフィリピンという国でもあった。

この話をある夜、沖縄出身で、アメリカ軍基地の反対運動を続ける知り合いに話してみた。やや、意地悪な質問だった。

彼はその日、オスプレイの沖縄基地配備に反対する集会に出た帰りだった。

「フィリピン人は、そんなにアメリカ軍を憎んでたわけ？」

「フィリピン人民軍のゲリラ兵だから。イデオロギーの問題かもしれないし」

「それを沖縄に？」

「いや。ただ、沖縄のアメリカ軍基地への反対運動って、出口のない袋小路に入り込んでいる気がするじゃないですか。なにも、沖縄の人が、アメリカ兵を殺せっていっているわけじゃない。ただ、基地反対運動を続ける人たちって、アメリカ軍を憎んでいるのかって話なんです」

「憎んでなんていないね。沖縄にはイチャリバチョーデーっていう言葉がある。知ってるでしょ。出会えば、皆、兄弟って意味さー」

「アメリカ兵は兄弟？」

「そうさ。人を憎めば、自分の心が汚れるさー」

人を憎めば、心が汚れる……。そういわれてしまえば、返す言葉もなかった。しかしその発想と、アメリカ軍基地への反対運動というものがかみ合わなかった。

反対運動というものは、権力に阻《はば》まれ、挫折を繰り返していくなかで、しだいに先鋭化していくものだ。フィリピン人民軍のようなゲリラ闘争に発展しなくても、もし、アメリカ軍を憎んでいるのなら、数々の嫌がらせが沖縄のなかで生まれるはずだった。飲食店のなかには、「アメリカ兵お断り」という貼り紙が出てもおかしくなかった。行政を動かし、アメリカ兵が立ち入るエリアを制限したり、交通違反の罰則を強化するような発想があってもよかった。

一般の商店が、アメリカ兵価格を設定する方法もあった。基地という問題ではないが、アジアには二重価格というものが存在していた。外国人は、現地の人々の二倍、三倍という列車代を払わなければならなかった。ホテル代も違っていた。ベトナムの鉄道駅に行くと、はっきりと外国人運賃が明記されていたときもあった。いまではこの二重価格はほとんどなくなったが。

二十年ほど前になるが、沖縄でアメリカ兵が十二歳の女子小学生を集団で暴行する事件が起きた。犯人はわかっていたが、日米地位協定が立ちはだかり、彼らの身柄を日本側が引きとることができなかった。この経緯が沖縄の人々の反基地感情に

普天間基地にオスプレイが並ぶ。訓練飛行は毎日行われている

火をつけた。沖縄県議会や沖縄市議会などが次々に抗議を決議していった。そして県民総決起大会が開かれ、約八万五千人の沖縄の人々が、宜野湾《ぎのわん》市海浜公園に集まった。沖縄はまだ暑く、タオルを首に巻き、光に目を細めた人々が会場を埋めていた。壇上ではセーラー服姿の女子高生が、「基地のない沖縄」を訴えていた。あのとき、沖縄の人々は、日米地位協定に反対していたのかもしれないが、いたいけな小学生に暴行を加えたアメリカ兵を憎んでいたのではなかったのか。事件後の報道には、こんな記事もある。

——兵士三人が犯行に及んだが、ひとりは少女が幼いことに気づき、暴行には加わらなかった。

沖縄の人たちは、あまりに凶暴な兵士たちの行動に、拳を握りしめた気さえする。少なくとも、テレビでこの県民総決起大会を見ていた僕にはそう映った。

しかしそんなアメリカ兵にも、沖縄の人たちは、イチャリバチョーデーというのだろうか。人を憎むと心が汚れる……と聖職者のような言葉を自分に向けるのだろうか。

人間はいくらひどい目に遭っても、その憎しみだけで生きていくことはできないことを知っている。本土の日本人にしても、太平洋戦争で肉親を殺された人は多い。

広々としたアメリカ軍基地。空き家も目立つ。いつ見ても理不尽さが募る

戦後、日本はアメリカ軍の占領下に置かれた。しかし日本人は、アメリカ兵への憎しみを、戦争という状況のなかに封印するかのように生きのびていった。アメリカ兵への憎しみは、コンプレックスと憧れがないまぜになった意識を生み、人々はアメリカナイズされた生活になびいていった。

しかし沖縄は違う。本土とは違い、戦場になった。

戦後、沖縄の一部に景気時代と呼ばれる時期がエアポケットのように生まれた。沖縄本島には戦争の残骸が散乱していた。そういった金属類を集め、台湾に密輸し、物々交換のようにして砂糖や米、ペニシリンなどの薬を受けとり、それを本土に運んだ。与那国島がその中継基地になった。やがて、島に散らばる金属類が減り、アメリカ軍の基地に忍び込んで武器を盗みはじめる。その仕事を請け負ったのは沖縄のやくざだったといわれるが、彼らはアギヤーと呼ばれ、盗みだした物資は〝戦果〟といわれた。アメリカ軍の武器を盗むことは、沖縄の人々にしてみたら憎いアメリカへのささやかな抵抗だった。戦果と呼んで溜飲をさげたわけだ。

しかし戦後の沖縄を襲ったことは、戦果だといって得意がるほど呑気な状況ではなかった。アメリカ軍の強制的な土地の接収がはじまったのだ。本土は敗戦後、朝鮮戦争特需のなかで復興の道を歩みはじめていたが、アメリカの占領下のままだった沖縄は蚊帳《かや》の外に置かれる。復興の風は届かなかったのだ。それどころか、一九五三（昭和二十八）年に布令一〇九号が公布されるのだ。これはアメリカ軍の基地拡張のための土地収用令だった。

沖縄の土地は次々に基地拡張の対象になり、強制立ち退きがはじまったのだ。

そのあたりは、島の六割が接収された伊江島島民の闘争を記録した『米軍と農民』（阿波根昌鴻著、岩波新書）にも描かれている。

アメリカ軍が示した借地代は年間一セント八厘《りん》九毛《もう》だったという。戦後の沖縄には、大人一人一日二十一円というアメリカ軍からの補償もあったが、それも接収後には打ち切られたという。

一セント八厘九毛や二十一円という額だが、とても人が生きていくことができる金額ではなかった。同書のなかに、本土へ手紙を出した記録が残っているが、一通の切手代は三十円だった。その物価のなかで、アメリカ軍が払った補償額はあまりに少なかった。本土復帰後、この補償額は増え、軍用地主という新たな問題が生まれてくるのだが、接収当初、沖縄の人々は生きる手段を次々に奪われていってしまったのだ。

それでも沖縄の人々は、アメリカ軍の兵士に、イチャリバチョーデーというのだろうか。

沖縄の人々は心根が優しいと思う。沖縄本島だけでなく、いくつかの離島を歩くと、つくづくとそう思う。しかし達観した人たちではない。普通の人々だ。世界の人々と同じように怒り、似たような笑みをつくりながら生きている。苦しい状況には、やはり抗議する。しかし沖縄教ともいえるロジックを身につけていることもたしかだった。そこにかかわっていくと、どこまでいっても霧が晴れないグレーゾーンが広がっているような気にもなってくる。

日本政府は、沖縄振興特別措置法に代表されるさまざまな助成を沖縄に向けてきた。そこには、本土に対して、絶対的な被害者という沖縄の立ち位置があった。日本で唯一の地上戦の犠牲になった島である。戦後は、島内のアメリカ軍基地の存在に苦しんでいた。

それは沖縄を訪ねる本土の観光客にも共通していた。沖縄に行ったらまず、沖縄本島南部に残る戦跡を訪ねることになる。摩文仁《まぶに》の丘やひめゆりの塔である。僕の母は八十歳を超えているが、彼女が沖縄を訪ねたときもそうだった。母は信州の松本で生まれ育った。松本には戦前、陸軍の歩兵第五十連隊という部隊があった。詳しいことは知らないが、そのなかに特攻隊員がいて、沖縄で戦死していた。母は慰霊碑に刻まれた文字のなかから、その青年の名前を探していた。

僕がはじめて沖縄を訪ねたのは三十年ほど前である。タイのバンコクから台湾に行き、そこから船で石垣島に渡り、さらに船で沖縄本島に入った。最初に訪ねたのは、やはり本島南部の戦跡だった。那覇市内から路線バスに乗った。降りる場所を間違え、バス道路を延々と歩いた。途中で腹が減り、雑貨屋でパンを買ったが、表面にカビが生え、半分近くが白くなっていたのを覚えている。

すでに沖縄市と名前を変えていたコザも訪ねた。商店の入口に、その日の円・ドルレートが表示されていた。

僕は太平洋戦争を体験した世代ではないが、戦争と基地という沖縄のイメージを強く刷り込まれていた。沖縄に行ったら、まずその世界に向かわなければいけないものと思っていた。それは本土に生まれ育った人間の、沖縄に対する礼儀のようにも考えていた。突き詰めれば、加害者意識ということになる。

沖縄にはまりはじめたのは、それから五年ほど経った頃だった。

日本ではアジアへの旅がブームになっていて、僕は双葉社から発行された「好きになっちゃった」シリーズの原稿書きや編集に追われていた。『好きになっちゃったバンコク』『好きになっちゃったソウル』といったシリーズで、それぞれ版を重ねていた。アジアの十都市ほどを刊行し、さて、その次はというとき、

「沖縄は？」

と口にした。その地名に、出版社側は少し戸惑った。沖縄はアジアなのか……という根本的な疑問もあった。アジアから沖縄に流れ着き、足繁く通っていた僕は、沖縄のなかに流れるアジアに反応していたから、沖縄はアジアといってもよかった。しかし日本人の感覚では、沖縄は日本だった。沖縄が日本に復帰して二十数年が経っていた。日本人にとっても、沖縄の人たちにとっても、沖縄は日本でなければい

けなかった。

出版社の販売担当からはこんな意見も出た。

「書店はアジアの棚に置くのか、日本の棚に入れるのか……悩むと思いますね。シリーズ本だから、アジアの棚に入らないと、売れない気がするんですけど」

書店の棚は、本の売りあげを左右した。棚というのは、書店に並ぶ本棚である。シリーズ本はズラーッと並ぶから目につきやすい。出版社の販売担当は、この棚をいかに確保するかという営業を日々、繰り返していた。

しかしそれ以上に考えなければいけなかったのは、戦争と基地問題に触れずに、沖縄の本を出版していいのか……というコンセンサスだった。

「好きになっちゃった」シリーズは、公式なガイドブックではなく、体験型の文章をメインに据えていた。たとえばバンコクの市バス。暑い日中、人々は日陰に列をつくってバスを待つ。するとバスの運転手は気を利かせて、人が並ぶ日陰にバスを停める。こうしてバス停がずれていく。そんな話に終始していた。その臨場感が評価を得ていた。その流れで沖縄をまとめたいという思いはあった。その空気に、戦争や基地はそぐわなかった。

それは僕の感性に行きついてしまうのかもしれないが、戦争や基地という流れのなかで沖縄にはまったわけではなかった。約束の時間に一時間も遅れてくる沖縄の人々や、近くのスーパーマーケットから買ってきたペットボトルのコーラを二十円上乗せして売る沖縄おばぁの感性だった。そこには気楽なアジアの風が流れていて、定価主義を刷り込まれ、少し高い料金に目くじらを立てる本土の人間に比べると、実におおらかに映った。歩くことが嫌いで、百メートル先にある自動販売機まで車を運転する沖縄の暮らしに、アジアを感じていた。それは戦争と基地とは別の時空の話だった。

しかし公の出版物となると話は違った。本土の人間のなかに、自己制御が働くのだ。

〈本土の犠牲になった島の、そんな軽い話ばかりを集めた本が許されるのか〉

沖縄を書こうとしたとき、常にこの感覚が立ちはだかるのである。

しかし、『好きになっちゃった沖縄』は、当初の内容通り、戦争と基地の話に触れずに出版された。そこにはアジアブームの勢いがあったのだろうか。もういいかもしれない……という空気が、本土のなかにも生まれつつあった気もする。僕はその本のプロローグに、こう記している。

――この本には沖縄観光の目玉であるマリンスポーツも海沿いのリゾートホテ

ルも登場してこない。意図して避けた訳ではないが、沖縄の基地問題や戦争の話も出てこない。僕らにとっての沖縄をひとつ、ひとつ拾いあげているうちにこうなってしまったのだ。

本心だった。この本は沖縄フリークの本土のライターや沖縄在住者にも書いてもらった。彼らは基地の話や戦争の話には触れてはこなかった。本土の人のなかで、沖縄病といわれるほど沖縄に入れ込んでいく人たちは、戦争や基地とは無縁の沖縄に魅了されていた。

『好きになっちゃった沖縄』は版を重ねた。よく売れたのだ。それが新しい沖縄のイメージをつくったとは思ってはいない。しかし、ひとつのきっかけにはなったと思う。

『沖縄イメージを旅する』（多田治著、中公新書ラクレ）は、こう評価している。

――一九九八（平成一〇）年、『好きになっちゃった沖縄』が登場した。この本では、アジアからの流れを沖縄に導いた下川と、大阪生まれの沖縄二世で沖縄移住の先駆的な存在である仲村清司と、八〇年代末から県内における沖縄ポップのブームに火をつけた出版社ボーダーインクの編集者・ライターの新城和博とのコラボが見られる。その後の沖縄ブームは、この三者の特徴が結合している感があり、いま振り返ると、ブームを予示していたかのような本だ。

多田はその後の、映画『ナビィの恋』、書籍の『沖縄オバァ列伝』（双葉社）、NHKの朝の連続ドラマ『ちゅらさん』が、沖縄ブームを決定づけたと分析している。その後、出版界では、さまざまな沖縄本が出版された。ブームとはそういうものだ。しかしブームが去ったあと、沖縄を批判する本が次々に出版されるようになる。ブームへの反動とは少し意味が違った。戦争と基地とは無縁の沖縄ブームは、沖縄を覆っていたある種のタブーをも吹き飛ばしてしまった気がする。沖縄への加害者として、本土の人々が心のなかに打ち込んでいた制御棒を一本、いや二本ぐらいはずす感覚といったらいいだろうか。

はじめのうち、軍用地主の問題がとり沙汰された。アメリカ軍の基地に土地を接収された人たちだが、本土復帰後、その地代があがり、その収入だけで暮らすことができる人が出てきた。そして沖縄では、その軍用地の売買すらはじまっていた。

やがて巨額の助成金の使われ方に矛先が向いていく。沖縄の建設業が全産業に占める割合は八・四パーセントにもなり、これは全国平均の二倍を超えている。建設業を支えているのは公共工事である。つまり国からの助成金は公共工事に流れ、さしたる意味のない道路建設や埋めたてなどに使われているという批判だった。

軍用地は沖縄独自の問題だが、アメリカ軍基地の地代だけに、そう簡単にすっきりする話ではなかった。国からの予算が公共工事に使われ、それをめぐっての建設業界の話は、依存度の違いこそあれ、どの都道府県でも起きていた。

批判はしだいに、沖縄のタブーの核心に触れるようになっていく。

沖縄県には、日本国内にあるアメリカ軍基地のほぼ七五パーセントが集まっているが、問題はその所有者だった。本土のアメリカ軍基地のほとんどは国有地なのだが、沖縄の場合、国有地と県や市町村有地、私有地がほぼ三分の一の割合になっている。元を正せば、アメリカ軍の乱暴な接収に辿り着いてしまうのだが、借地料は、私有地を持つ軍用地主だけでなく、県や市町村の収入になることだった。これが沖縄の基地問題の特徴だった。基地があることで、県や市町村が潤うという結果を生んでしまっていた。

沖縄は基地があることに対する多額の補助金を受け、さまざまな振興策の対象になっていた。

そこから〝ひずみ〟が生まれる。アメリカ軍基地があることの苦渋を訴えれば訴えるほど、本土からの援助が増えるという構図である。東京の新宿で開かれたあるイベントにパネラーとして招かれたことがあった。『新書　沖縄読本』（下川裕治＋

仲村清司著・編、講談社現代新書）の出版記念だった。同じように招かれたひとりのジャーナリストが、そのあたりを突いていく。

「沖縄の基地反対運動は、公務員や一部の教員によって行われているんです。彼らは公務員ですから、基地がなくなっても収入が減るわけではない。彼らが反対運動を行っているのは、今後、多くの補助金や振興策による利益を得るためなんですよ」

アメリカ軍の基地反対運動に純粋な動機から参加している人は少なくない。住宅に隣接する基地は危険だ。安全性が疑問視されるオスプレイにも不安が募る。しかしその一方で、政府からの援助を得るための反対運動という文脈はたしかにある。

昨年（二〇一三年）末、沖縄県の仲井眞《なかいま》弘多《ひろかず》知事は安倍晋三首相と会談した。普天間《ふてんま》飛行場を名護《なご》市の辺野古《へのこ》に移設する話だったが、そこで、二〇二一年度まで、毎年、三千億円台の振興予算を引きだした。仲井眞知事は、そのあとの記者会見でこう語った。

「有史以来の予算だ。長年の基地に絡む性格の違う内容の違うものの解決をお願いしたら、早くとりかかっていただいて前に進みはじめた実感がある。いい正月になるというのが実感だ」

この予算は、明らかに辺野古への移設の承認を迫るものだった。出口が見つからなくなってしまった辺野古への移設問題対策だった。しかし、東京で、沖縄の基地への反対運動にかかわってきた女性はこういった。

「いい正月ってなんですか。これで幕引きって感じで、頭にくるんです。これで辺野古に決まりでしょ。それでいい正月ってなんなんですか。私は北海道出身だけど、沖縄の人はこれでいいわけ？ 仲井眞さんって、別のことを考えていたんですね」

那覇に住む知人に聞いてみた。彼は北谷《ちゃたん》町で生まれ育っていた。

「仲井眞は、よくあれだけの金を引っぱってきたって評価する人、まわりに多いですよ。年間三千億円台で八年でしょ。沖縄にとっては大きいですよ。俺？ 灰色かな」

前出のジャーナリストはきっとこういうのだろう。

「それでも公務員は、基地反対って叫び続けるんですよ。それがあってこその予算なんだから、やめるわけにはいかないでしょ」

思いだすひとつの記事があった。二〇一一年三月に報じられたものだ。それは、アメリカ国務省日本部長だったケビン・メア氏の発言だった。ワシントンのアメリカン大学の学生を前に、

「沖縄人はゆすりの名人」

と発言していたことだった。この一件でメア氏は日本部長の職を解かれることになる。沖縄の人々も、〝ゆすり〟という表現には反発したが、大きな抗議行動に発展したわけではなかった。

沖縄の人々は、どこかわかっていた気もするのだ。〝ゆすり〟を意識していたわけではないが、この構造がなければ生きていけないという処世術を、まるで遺伝子のように沖縄の人々のなかに組み込まれている気がするのだ。

沖縄は戦争の犠牲になった。しかし、本土の人々が、加害者意識に縁どられた視線をいくら向けてくれても、沖縄の人が豊かになるわけではなかった。沖縄の人々がほしいのは、同情ではなく、島が生きていく方法論だった。

沖縄の歴史とは、つまりそういうものだった気がする。

話は室町時代から戦国時代に遡る。その頃、沖縄はまだ日本ではなく、琉球という王国を築いていた。さしたる資源も産業もない琉球王国は、中国との朝貢貿易を行っていた。

朝貢貿易とは、まず中国に貢ぎ物を届ける。当時の明は、その見返り品を用意する。琉球王国の船は、その見返り品を東南アジアで売り、その代金で東南アジアの産物を仕入れ、明への貢ぎ物にする……という流れの貿易である。中継貿易のひとつの形態でもあった。

そこに入り込んできたのが日本だった。琉球王国は、明や東南アジアの物産が日本でも売ることができるとわかると、船の帆を日本に向けて立てたのである。

日本側でこの貿易を仕切っていたのが、堺の商人だった。しかしこの貿易にはリスクがあった。日本近海には海賊が多かったのだ。琉球船には、中国の陶器や絹、東南アジアの貴重な香料などが積み込まれていたため、狙われやすい船だった。何回か海賊の被害に遭ったのだろう。琉球船は堺までの航行をやめ、博多の商人とつきあうようになる。困ったのが堺の商人だった。琉球船がやってこないのだ。そこで彼らは自ら船を仕立て、那覇まで向かうようになる。

しかし堺の商人の台頭を警戒する室町幕府は、那覇への航行を許可制にする。許可証のない船の取り締まりを、薩摩の島津氏に命ずる。しかしその目をかいくぐって那覇をめざす船は多かったという。そこで島津氏は琉球王国に書状を送る。「許可を受けていない船は、琉球側で船と積み荷を没収」という内容だった。しかし琉球王国は、この申し出を受け入れなかった。表面的には自由な貿易を守るためということだったが、琉球王国はその書面から、琉球との貿易を独占しようとする薩摩の野心を読みとったためだといわれる。

本土の歴史認識では、沖縄が日本に組み入れられたのは、一八七九（明治十二）年の琉球処分からということになっている。しかし沖縄には別の文脈があった。明治政府の琉球処分を、清は認めなかったのだ。そのとき、沖縄は清に進貢船《しんこうせん》をさし向けている。進貢船とは、貢ぎ物を送る船のことだが、そこには清との従属関係を結ぶ意味が含まれていた。明治政府と清との間に立たされた沖縄の苦肉の策と見ることもできるが、その一方で、沖縄は保険をかけたとも読めるのだ。その後、日清戦争に日本が勝ち、清は沖縄が日本になることを正式に認めざるをえなくなるのだが、その間で、沖縄は生きる道を探っていたのだ。

これを日本と中国に挟まれた沖縄の宿命と見ることもできる。しかし同時に、両国の間を泳ごうとする沖縄のしたたかさも漂ってくる。当時の沖縄は、清はもちろんだが、日本も信じてはいなかった。

日本を心の奥で信じてはいない沖縄――。この言葉をあてはめていくと、見えてくるものもある。前出のジャーナリストの意見にしても、本土の発想をあてはめると沖縄批判になるのだが、日本を信じていない沖縄というフィルターを通すと、当然の行動という論理があぶり出されてくる。

沖縄という島には常に独立論がついてまわる。しかし、独立してもやっていけないことをいちばん知っているのも沖縄の人々である。だから、アメリカ人外交官から、「ゆすりの名人」と揶揄《やゆ》されても、その言葉を軽く受け流し、年間、三千億円を超える振興予算を日本から引き出すことに成功した。その発想から考えれば、「いい正月」なのである。

そこを仕切るひとつの拠点が、沖縄県庁である。琉球大学を卒業し、県の職員になっていくことは、沖縄でのエリートコースである。しかし国際通りの入口近くに建つ県庁のビルのなかに流れているのは、琉球王国の血なのかもしれなかった。中国と日本に挟された島が、なんとか生きのびていくというDNAを、この建物で働く人が引き継いでいるような気にもなるのだ。

沖縄の人々は、なかなかしたたかである。

それは僕自身にも向けられているようにも思う。ひとつの言葉が、いまでも楔《くさび》のように刺さったままになっている。沖縄ブームが終わろうとしていた頃、ひとりのウチナーンチュが口にしたものだった。

「沖縄ブームをつくったひとりとして、その落とし前をつけなくちゃいけないんじゃないですか」

国際通りの端に建つ沖縄県庁。庁舎内は意外なほど質素だ

　僕らがつくった本は評価を得たが、同時に批判を受けていた。そんな言葉の端々に、「沖縄を食いものにした」という不満が宿っていた。そんな視線を向けられるたびに、

「僕はこの島でなにをしてきたんだろう」

と沖縄の空に向かって呟《つぶや》くしかなかった。

　最近、沖縄でひとつのテレビコマーシャルを目にした。あれは宮古島の宿だったろうか。夜、なにげなくテレビをつけると、草野球のシーンが映っていた。バッターボックスに青年が立っている。投手が投げたボールは、ストライクゾーンをはずれた。フォアボー

ル。するとカメラが動き、バッターボックス脇に停まっていたタクシーを映しだしたのである。バッターはそのタクシーに乗って一塁に向かう。ウチナーンチュは、歩くことを嫌う……。

僕らがつくった沖縄本には、歩かない沖縄の人々がよく登場した。しかし、ウチナーンチュは、それを逆手にとったコマーシャルをつくり、笑いをとっていた。このコマーシャルは、本土の人向けではないのだ。沖縄の人々が見て笑うのだ。彼らはしたたかだった。その姿はたくましく、僕はどこか救われたような気分になっていた。

那覇の国際通りを歩いていると、本土の人々の受けを狙った土産をときどき目にする。

〈ウチナータイムで生きてます〉

そう書かれたTシャツを見たこともある。

僕らの本を読み、本土の人たちが、「ウチナータイムでウケている」と知ると、それをすかさず商品にしてしまう。彼らは名うての商売人だった。そのTシャツの前で思うのだ。笑われていたのは僕らではなかったか……。

落とし前などつける前に、彼らはしなやかに、ダメなウチナーンチュを商売の道具に仕立てあげていた。

彼らの懐はなかなか深い。

それも沖縄という島で生きる処世術にも映ってくる。

名護と愛蔵さん　辺野古移設でもめる街にギャラリーができる

ときどき名護に行く。新里愛蔵さんという老人が、街道沿いにギャラリーをつくっているからだ。その様子を見るために、名護行きの高速バスに乗る。

今年（二〇一四年）の一月も名護に行った。それを那覇の知人に伝えると、

「選挙？」

と聞かれた。辺野古へのアメリカ軍基地移転をめぐって、反対派と容認派が対立する市長選のただなかだったからだ。

名護では応援演説や街宣カーを見かけたが、中心街が寂れてしまった街では、なかなか人が集まらないようだった。かつての中心だった名護十字路周辺はシャッターが下ろされた店が目立つ。郊外店に人は車で向かってしまう。そして移転予定地の辺野古は、名護市街から十キロも離れていた。

反対派の稲嶺進氏が当選した。

「札束で県民の心を買う手法は間違い」

と訴えていたが、名護には辺野古とは別に、キャンプ・ハンセンがあり、そ

こから年間一億円以上の借地料が支払われてもいる。名護の市長選もまた、ねじれのなかの選挙だった。

名護市街から屋我地《やがじ》島に向かう国道58号を進む。左手に文字と僧などが描かれた板を壁にした建物が見えてくる。これが愛蔵さんのギャラリーだった。

愛蔵さんとはじめて会ったのは、タイのチェンマイだった。第二章でも触れたが、かつて、東京の中野で、『山原船』という泡盛酒場を営んでいた。そこを整理し、チェンマイに移住していたのだ。

家ではガジュマルの苗木を育てていた。

「樹木葬というやり方があるんです。死んだら、木の根元に埋めてもらう。自分の体が木を育ててくれるんです」

ガジュマルは愛蔵さんの墓標でもあったのだ。しかしそのときすでに、車椅子の生活だった。チェンマイで脳梗塞を患い、半身に麻痺が残っていた。

それでも愛蔵さんはチェンマイを離れようとしなかった。ここで死ぬことを覚悟していたのだろう。

当時、七十歳の手前だったが、彼には年金もなかった。日本から持ってきた金がすべてだった。やがてその金も、底をつくはずだった。

愛蔵さんは東京でタクシー運転手をしていた時期がある。その間は年金を納めていた。その期間は百八十七カ月。年金を受けとるには足りなかった。しかし沖縄特例があった。

日本の国民年金は一九六一年にはじまった。しかしそのとき、沖縄は日本ではなかった。沖縄が本土並みの年金体制に組み込まれたのは一九七〇年だった。沖縄特例はその間を埋める制度だった。その期間を保険料免除期間にするというものだった。つまり、その間、年金を納めていなくても、納めたことにする……というものだった。

その期間を加えても、年金を受けとることができる三百カ月に六カ月足りなかった。

愛蔵さんはチェンマイに行くとき、年金制度から脱退し、一時金を受けとっていた。問題はそのとき、社会保険事務所が、沖縄特例の話を伝えたか、どうかだった。

あと六カ月納めれば年金をもらえることがわかれば、脱退などしない。

そこから交渉がはじまった。結局、残りの六カ月分を納めれば、年金をもらえることになった。

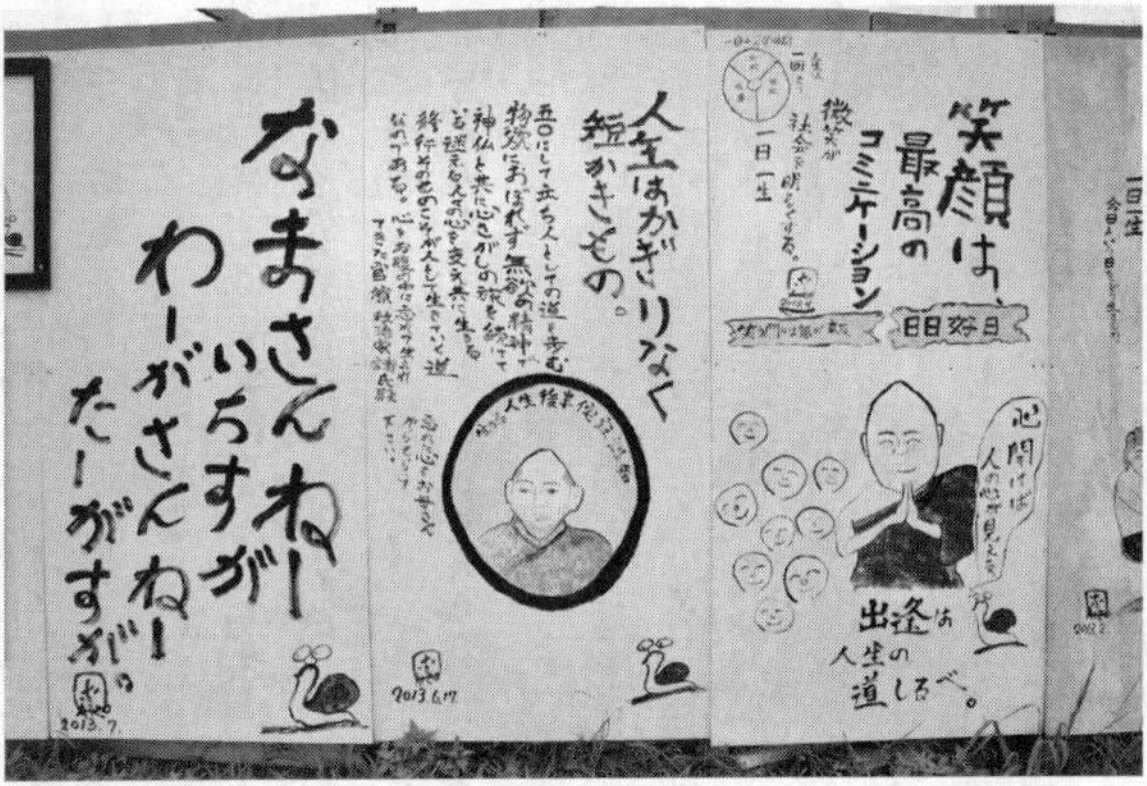

愛蔵さんのギャラリーの外壁にはこんな絵と文字が。皆、足を止める

名護市街にあるガジュマルの巨木。ヒンプンガジュマルと呼ばれる

チェンマイで年金生活ができることになったのだ。しかしそれから間もなくして、愛蔵さんの体は、人工透析を受けなければならないことが発覚する。タイのチェンマイで透析を続けながら暮らすことは大変だった。

愛蔵さんは故郷の名護に帰ることになったのだ。

僕はその話を本にまとめた。『愛蔵と泡盛酒場「山原船」物語』（双葉社）という一冊だった。その本はどちらかというと、中野の『山原船』に集まった沖縄好きの本土の人と愛蔵さんの日々が中心だった。本が出版されたとき、愛蔵さんの年金問題は決着がついていなかった。

名護に帰ってからも、僕はときどき愛蔵さんに会いに出かけた。本にまとめるつもりはないが、ときどき、無性に会いたくなる老人だった。名護ではじめ、妹さんの家に同居していたが、やがてアパートを借りて、ひとり暮らしをはじめた。勝手で頑固な人である。ひとり暮らしが性に合っているのだろう。

彼のアパートは、建設中のギャラリーのすぐ近くにある。

ギャラリーといっても、彼の作品を展示するというより、地元の人や子供が集まることができる場所にしたいらしい。いや、愛蔵さんが勝手にそう思っているだけのことだ。

かつては三線を弾き、沖縄民謡を歌った。しかし脳梗塞を患い、三線を弾くこともできなくなった。昔から絵は描いていたが、動く右手でできる世界が残った。

ギャラリーの中央には、やはりガジュマルの苗が植えられている。樹木葬を彼はまだ、諦めていない。

第五章

波照間島

天文おたくのパイパティローマという居場所

南から吹きあげる心地いい風のなかで、そっと囁《ささや》いてみる。いま、暗闇のなかで座っているのは、『日本最南端平和の碑』の台座だ。

「パイパティローマ」

パイパティローマ――南波照間島《みなみはてるま》という意味だ。方向はこの波照間島の南になるわけだから、僕が眺めている方向である。

イカ釣り漁船の灯りがふたつ見え、その上に南十字星の四つの星が見える。この方向に南波照間島……。

架空の島である。伝説の島といってもいいのかもしれない。琉球王朝の記録には、波照間島の島民が、この島に渡っていったという記録があるのだという。それは沖縄に伝わっていたニライカナイ伝説にも通じるらしい。海の彼方にニライカナイという理想郷がある……と。琉球王朝が課した人頭税という重税にあえぐ人々が、空腹を忘れたいために眺めた海の彼方。いや、命がこと切れれば、魂はニライカナイの浄土に還っていく。

昼間は観光バスもやってくる。夜は星空鑑賞の一等地になる

島に伝わる話は、どこか切ない。

僕の友人は、その理想郷を求めて、多いときで年に四回も、この島にやってきたわけではあるまい。自らの企画はなかなか本にならない。働いて稼がなくてはならないという強迫観念のなかで続ける仕事は辛い。そこから逃げるように飛行機に乗り、石垣島の港から、『第78あんえい号』という十二人乗りの船に乗ってやってきた島で、かつての貧しい島民のように南波照間島を夢見ていたとしたら、それはあまりにできすぎたストーリーに仕上がってしまう。

二日前の夜、新宿の末広亭近くの飲み屋で、彼の奥さんと、昔からの友人、三人でウイスキーを飲んでいた。マスコミ関係の人が多い店である。

「最後のほうは、もうだいぶ壊れていたから……」

奥さんはいった。彼は自ら命を断ったが、それは波照間とは無縁のことだった。波照間に行くことをやめてから、三年ほどが経った朝、警察から電話がかかってきたという。

そういう星のもとに生まれてしまったのか、僕のまわりには自ら命を絶つ人が多い。親しい友人ばかりだ。深夜、電話が鳴ると、いまでもびくりとする。奥さんの低い、くぐもった声を聞くと、生きていくエネルギーを吸いとられていくような気になる。自尽《じじん》は山のような後悔を周囲に残していく。

彼がひょっこり、僕の仕事場を訪ねてきたのは、四、五年前のことだったように思う。話は波照間島だった。いつも泊まる宿があり、そこの増築を手伝いながら、いろいろ調べたいといっていた。沖縄の飛行機の話を本にまとめたいようだった。以前、石垣島と波照間島の間には、エアードルフィンという航空会社がプロペラ機を就航させていた。彼が波照間島に通いはじめた頃、まだこの飛行機が飛んでいた。

彼がいつも泊まっていた『素泊まりハウス美波《みなみ》』には、彼が飛行機の窓から撮った波照間島の写真が残っていた。

その飛行機も乗客が少なかったのか運休になり、それからは、波照間島に渡るには船しかなくなってしまった。島ではなんとか、飛行機を復活させようという話が起きているという。

彼のことだから、沖縄の離島間を結ぶ飛行機の話を、徹底的に調べあげ、一冊の本にするのだろうと思った。興味深い話だった。

話では半年近く波照間に滞在するということだった。

(彼がいる間に、一回、行ってみようか)

僕はそんなことを考えていた。沖縄の離島は六割近くまわっていたが、波照間島は行ったことがなかった。

あとで聞いた話では、彼はそのとき、波照間島に行かなかったらしい。いや、いったんは行ったのだが、長期間の滞在はしなかったようだ。彼のなかでなにかの変化があったのかもしれなかった。

那覇空港から、片道三千円弱というLCCのピーチ・アビエーションに乗って石垣島に飛んだ。そこから船で波照間島に渡った。十二人乗りの『第78あんえい号』はなくなり、大きな船に変わっていた。

彼にとっての波照間島を辿ってみるつもりはなかった。しかし、大学生の頃からの友人が見た風景を、僕も見てみたかった。彼の心の裡《うち》はうかがい知れず、そこに入り込んでいくと仄暗《ほのくら》い隘路《あいろ》のなかで自らの生きる手段を失いかけてしまうことを知っていた。深入りしないことだ。ただぼんやりと波照間の海を見ることができたら、それでいい……。

しかし彼の常宿だった『素泊まりハウス美波』に泊まってしまった。

その日の夜だった。近くの居酒屋でビールを飲んでいると、宿のご主人の前迎《まえむかい》広満さんから電話がかかってきた。

「今晩、星空撮影ツアーに行くんで、一緒に行きませんか」

星を見にいく誘いだった。

五人の若い女性が参加した。そこに宿の常連らしい初老男性が加わり、前迎さんの運転で宿を出発した。最南端の碑のあるあたりが真っ暗になるので、撮影にはいいのだという。

波照間島で星を眺める……。この島にやってくる人たちの目的のひとつのようだった。そんなことも知らなかった。

「沖縄本島でも、かすかに南十字星が見えるんです。夕方の一瞬、ね。ただ、空が暗くなるぎりぎりのところで水平線に沈んじゃうんです。でも、ここまでくれば、

前迎さんは波照間港で、このスタイルで友人を出迎えていた

『素泊まりハウス美波』の母屋。宿泊棟は周囲に点在している

はっきりと見えるんですよ。今晩は久しぶりにいい天気です。見えると思いますよ」

そんな説明を車のなかで受けた。

インドネシアやオーストラリアで、何回か南十字星らしきものは見ていた。おそらく見ているのだが、星を教えてくれたのは現地の人で、説明は英語だった。なんとなくはわかるのだが、人に教えられるか……といえば自信はなかった。

車は数分で着いた。周囲が十五キロほどの島である。どこに行くのにも、車なら、そう時間はかからなかった。車は草むらのなかにある駐車場に停まった。車のライトが消えると、あたりは光ひとつない暗闇だった。

薄ぼんやりと見える筋があった。サンゴを敷き詰めた道のようだった。岩に砕ける波の音が聞こえてくる。海はすぐ近くらしい。見あげると、空の四分の三ほどに星が輝いていた。北東側は雲がある。眺めていると、突然、その雲が光った。雷だった。西表島《いりおもて》の方向だろうか。石垣島や西表島は激しいスコールが降っているのかもしれなかった。

しかし波照間島は穏やかだった。

前迎さんが懐中電灯をつけ、その光を頼りに三十メートルほど歩くと、広場のような空間に出た。

そこにシートを敷き、女性たちは仰向けになった。星を見るならこの体勢である。

「久しぶりのいい夜ですよ。星もかなり見える。南十字星を見るのは、今年、はじめてですよ。いい夜だ……」

五月の下旬だった。沖縄は梅雨のただなかだったが、運よく晴れてくれた。島の人たちは、梅雨のなか休みだといっていた。

「星の説明をするから、ちょっと、こっちに来てくれる？」

初老の男性の声が響いた。

彼がとりだしたのは、レーザーポインターという道具だった。講演会などで使っているところを見たことがあるが、星空にも通用するとは思わなかった。空に向かってスイッチをいれると、光の筋が星まで届くのだった。実際はそんなことはないのだが、人間の目にはそう映る。

「じゃあ、まず、南十字星。あれです。四つの星があるでしょ」

レーザーポインターがぴったりと、四つの星のなかのいちばん上の星を示した。

たしかに四つの星を上下、左右につなぐと十字になる。あとで調べてみると、この南十字星の識別はなかなか難しいらしい。偽南十字星もあるのだという。

「南十字星は、あまり明るい星じゃないんで、見つけにくいんです。見つけ方はケンタウルス座のポインターっていう、ふたつの明るい星を見つけること。その右側です。ケンタウルス座が、こんなにきれいに見えるのは波照間ならではですね。ほら、北極星と見比べてみてください。明るさの違いがわかるでしょ」

女性たちは、レーザーポインターの光の筋のあとを追って、頭をくるりと北の空に向ける。見慣れた北斗七星があり、北極星が輝いている。

「ほーッ」

つい声が出てしまった。波照間島は、北極星と南十字星が同時に見える島だった。

初老の男性は天文マニアのようだった。星を見るために、この島に足繁く通っているのかもしれなかった。いつもは宿のご主人が説明しているのかもしれないが、この初老の男性の知識には一目置いているようだった。天文マニアというより、天文おたくである。

「だんだん天の川が出てきました。ほら、東の空。あれは雲じゃないんですよ。天の川なんです。望遠鏡を渡しますから、見てみてください。小さい星がびっしりとあるのがわかりますから」

僕ものぞいてみた。小さい光の粒が、気持ちが悪いほど密集している。

ひと通り説明をすると、初老の男性は、三脚の上にカメラを据え、自分の撮影をはじめる。ご主人は、女性たちの記念写真を撮り、やがて皆、黙って星空を見あげはじめた。女性たちはシートの上に横になり、ただ星空を見あげている。そのうちに寝息も聞こえてきた。昼間の疲れが出たのかもしれないが、つい、うとうとしてしまうほど気持ちのいい夜だった。風は心地よく吹き抜け、虫もいない。頭の上には星空である……。

こういうことだったのか。

波の音しか聞こえない闇のなかで、ぼんやり友人のことを考えていた。

彼にはここに居場所があった。

二日前の新宿――。そこで友人が天文少年だったことを知った。そこにいた知人は、高校時代からの同級生だった。

「あいつ、天文マニアだったんだよ。実は俺の弟も天文少年でね。俺の家に、置きっぱなしになっていた天体望遠鏡があったんだ。あれはいつ頃かな。ひょっこり奴がやってきて、あの望遠鏡を波照間の宿に置いてもいいかって聞いてきたんだよ。俺なんかには、その価値がわからないけど、天文マニアの間では有名なメーカーの望遠鏡だったらしい。彼はマニアだから、それを覚えていたんだな。家に聞いたら、いいっていうんで、奴に渡した。なんでもレンズにカビが生えていたみたいで、それをとるのに、ずいぶん金がかかったっていってた。たぶん、その波照間の宿にあるんじゃないかな」

翌日、宿のご主人に聞くと、ちゃんと保管されていた。立派なケースに入っていた。かなりの重量になる。彼はこれを飛行機に乗せ、船に持ち込んで運んできたのだ。

彼も初老の男性のように、星空にレーザーポインターをあてながら、ボランティアで星の説明をしていた気がした。

波照間に渡る船のなかで気づいたことがあった。島の人が多かったが、そこに数人の観光客も乗っていた。その大半が二十代から三十代といった女性だった。キャスター付きのバッグを引いているのですぐにわかる。多くがひとり旅のようだった。二、三人のグループなら、船内でも話し声が聞こえてくるものだ。

「波照間島は、ひとり旅の女性に人気の島なのだろうか」

外洋に出、激しくなった揺れのなかで考えていた。人が住む島のなかでは、日本最南端の島。そして星空とビーチ……。石垣島の中心街はビルが建ち並んでいる。コンビニも多い。離島という言葉の響きにはそぐわない気さえする。竹富島は有名

これが友人が持参した天体望遠鏡。土星や金星を観るには最適な望遠鏡だとか

最南端の碑近くにある『星空観測タワー』。ツアー客はここで星を観る

だが、昼間は団体観光客が大挙してやってくる。黒島は牛ばかりだというし、西表島は移住組が多く、ミニ石垣島の道を歩んでいる。八重山諸島の島をひとつ、ひとつ調べていくと、沖縄の離島らしさが残っているのは波照間島……ということになってしまうのだろうか。

彼女たちは、埠頭で待つ民宿やペンションのバンに乗り込んでいったが、その日の夕方、ニシ浜というビーチに行ってみると、船で一緒だった女性も浜にやってきていた。やはりひとり旅のようだった。

波照間島に限らず、沖縄は女性のひとり旅が多いような気がする。仕事のストレスが溜まり、海にでも……と思ったときの心理に、南の島のゆるい空気がはまるのだろうか。那覇の栄町市場のなかにある『おとん』という、常連しか入らないような店にも、ひょっこりとひとり旅の女性が現れたりする。

「誰かにこの店、聞いたんですか?」

と、主人が聞くと、ただ市場のなかを歩いていて……といった言葉が返ってくる。路地裏にあるこの店は、男ひとりでも、知らなければドアを開けるのに迷うような店である。

本土の飲食店に比べると、沖縄の店は入りやすいのかもしれない。南の島の開放感ということなのだろうか。沖縄の人たちの人懐っこさを、彼女らは知っているのだろうか。

波照間島で友人はもてた気がする。島の事情には詳しい。そして夜になると、知らない星の名前を次々に教えてくれる。仕事は編集者で東京に住んでいる。彼のファンになってもおかしくはなかった。

おなじおたくでも、天文おたくは鉄道おたくに比べてスマートな雰囲気がある。鉄道おたくは、ホームの端で高そうなカメラを首からさげているイメージがある。しかし天文おたくが眺めるのは星空なのだ。途方もない広さの宇宙と星の話にはロマンすらある。女性たちにしたら、鉄道おたくの話にはついていけなくても、何万光年も先の星の生命の話には耳を傾けるようなところがある。

宿の主人がこんな話をしてくれる。

「毎晩、宿で飲み会があってね。その中心は彼でした。話は面白いし、いろんなことを知っているから、彼のまわりには人が集まるんですよ。旅行でやってきた女性が多かったなぁ。だから奥さんはあまり連れてこなかった。ひとりでやってくることが多かったもの」

東京での仕事はうまくいってはいなかったのかもしれないが、波照間にやってくると、彼のまわりに人が集まってくる。彼にとって、波照間島はパイパティローマではなかったか……そんな気にもなってくる。

波照間に辿り着く前、彼は沖縄のいくつかの離島をまわっていた。沖縄という島の風土が肌に合ったのだろう。しかし波照間島に上陸したとき、ここは星を見にくる人が多いことを知る。そこでかつての天文少年の感性は、酵素の鍵穴がぴたりと合うように島にはまってしまった。まるで彼のためにあるような島に思えたのかもしれない。天文おたくのニライカナイが、波照間島だった。

おたく——。彼が編集者として名をあげたのは、一九九一年に出た『ウルトラマン研究序説』（中経出版）というおたく本だった。「SUPER STRINGS サーフライダー21」という筆者名になっている。この本は、民法や憲法学、都市計画、遺伝子工学、素粒子物理学、経営管理学といった分野の若い研究者たちが、大まじめにウルトラマンを考察した本だった。こんな内容が並んでいる。「ハヤタは、民事上、ウルトラマンによる損害の賠償責任を負うのか」「ウルトラマンによって倒された怪獣（宇宙人）の死体処理は誰が行なうべきか」「ジェット・ビートルの耐熱材料には何が使われていたのか」……。大ヒットした。三十五万部も売れたといわれる。

この本のまとめ役が彼だった。彼自身、第一章やあとがきも書いていた。いってみれば、彼の企画本でもあった。

この本はその後、次々に出版される謎本の草分けだった。サザエさんの研究本『磯野家の謎』、『『ドラえもんの秘密』などである。謎本はその後、さまざまなテーマに広がって、初期の色あいを薄めていってしまうが、つまりはおたく本だった。

友人はおたく体質だったのだと思う。中高生の頃は、天文おたくであり、左翼の組織にも詳しかった。早熟な少年だったのだろうが、その興味はどこか偏っていた。ウルトラマン本を出したあとは、温泉おたくにもなっている。

おたくという性格は、どこかで社会性を逸脱していくところがある。以前、鉄道関係の本の編集にかかわったことがある。多くの鉄道おたくが集まってくれたが、出版社側との衝突が多かった。出版社側は、わかりやすい内容にするために文章を修正するのだが、その直し方でもめた。なぜ、その直し方が間違っているのか――というレポートを、A4判で数十枚にわたって書いてきた人もいた。そのエネルギーにはたじたじとなった。最後には、「鉄道に対する冒瀆だ」という言葉を残してやめていってしまった。

少年のまま大人になってしまった人々といえばそれまでだったが、生活を度外視して、好きなことに没頭できる姿は羨ましくもあった。

人は生きていくために、さまざまなものを呑み込まなければならない。友人はおたく体質だったが、それを客観視する能力もあった気がする。そのバランス感覚がなければ、『ウルトラマン研究序説』という本をまとめることもできなかったはずだ。彼はおたくだったが、おたくと庶民をつなぐ仲介役をこなす立ち位置をみつけた。それが収入を得る方法論になった。

しかしその仕事は、本質的な矛盾を孕んでいた。彼にとっての不幸とは、おそらくそこにあったような気がする。

『ウルトラマン研究序説』のヒットは、彼をある種の高揚感のなかに置いたはずだった。その前年に僕も『十二万円で世界を歩く』（朝日文庫）という本を出した。『ウルトラマン——』には遠く及ばなかったが、版を重ねていた。彼と僕は、ほぼ同じ頃に出版界のなかで、ぽっと浮上したことになる。

そして二作目……という共通した生みの苦しみのなかに置かれる。マスコミは怖い世界である。ヒット作がなければ見向きもされないが、一度、売れる本をつくると、それを超える本を暗に要求してくる。僕は出版社にいわれるままに本を書き続けたが、貧しい旅行者というイメージは強く、そこからはずれることは許されないようなプレッシャーを感じていた。彼の仕事は、本を企画していくことだから、僕より厳しい要求を肌で察知していた気がする。次々に出版される謎本もプレッシャーだっただろう。

僕はそのなかでアジアを書きはじめた。そして、タイのバンコクに暮らすことになる。自分のなかでは、アジアをもっと知らなくてはいけないという思いはあったが、いまになって考えてみれば、ある種の逃避だったような気がしてしかたない。バンコクのとろりとした空気のなかに身を置くことで、次の本を書かなければいけないという息苦しさから逃げた気もする。それは一時的なことであることもわかっていたのだが。

彼の沖縄への旅は、いつ頃はじまったのだろうか。僕のバンコク暮らしと同じ頃だった気もする。沖縄のゆるい空気のなかに、引きこもり先が見つかるような気がしたのだろうか。そして波照間島に流れつくのだ。

はじめの頃、彼はよく凧《たこ》をあげていたという。すでに亡くなってしまったが、島には八角凧という星型の凧をあげる老人がいた。彼はその老人と波長が合ったらしい。彼は東京から洋式の凧を持ち込んできた。凧といっても、子供の凧あげとはレベルが違った。糸の長さは数百メートルにもなったという。

沖縄は風の強い島である。台風のときは牙を剝くが、穏やかな日の風は心地いい。波照間島の家はどれも南向きに建てられているという。それは暑い夏、この島には南風が吹くからだった。冷房がなかった時代、南風が安眠を誘ってくれた。

彼が波照間島でよく泊まっていた『素泊まりハウス美波』は、島に五つある集落のなかの南集落にあった。フクギ並木が美しい地区だった。彼は自転車にまたがって南集落を出発し、島内で凧あげの場所を探したのだろう。ポイントは風だった。彼がよく凧をあげていたのは、空港近くの海岸沿いだったという。

沖縄の飛行機に関心を持ったのもこの頃かもしれない。

おそらく彼は、波照間島でおたくに戻ることができた。生活や収入のこと、なかなか実現しない本の企画を忘れ、手前勝手で、興味のあることにしか反応を示さない本来のおたく……。

沖縄には多くの島がある。その数は百六十にもなる。そのなかで人が住んでいる島は五十弱である。

沖縄には「離島の離島」といういい方がある。意味からすれば沖縄本島以外、すべて離島なのだが、宮古島と石垣島は、離島というにはそぐわないほど発展してし

空港に近い海岸。友人はここで凧をあげていたのだろうか……

まった。その結果、このふたつの島のまわりに点在する島が離島の離島と呼ばれるようになった。

　かつて沖縄病患者といわれる沖縄フリークたちは、その空気を那覇でも味わうことができた。しかし那覇は、物《もの》怖《お》じするほどの都会になってしまい、フリークたちは離島に向かうことになる。一時期、宮古島と石垣島にそんな人たちが多かったが、そこもしだいに日本化が進み、彼らは船に乗って、離島の離島に向かうしかなかった。しだいに隅に追いやられていったのだが、もう、そこから先に島はなかった。あるのは人が住まない無人島だけだ。

　沖縄フリークは自然派志向の人も多

いが、無人島に上陸するようなサバイバル派のイメージはない。島に流れる空気に魅了されてしまったタイプが圧倒的だ。さとうきび畑の間の道を自転車で走り、売店で島の人と話をするのが大好きだった。おばぁやおじぃとの出会いは彼らの宝でもあった。彼らにとっての沖縄は人が住む島だった。

しかし離島の離島もしだいに変わっていく。赤瓦の家はコンクリートで建て替えられ、サンゴを敷きつめた道はアスファルトで舗装されていく。

そのなかで沖縄らしさを留めているのは、波照間島と多良間《たらま》島だといわれる。波照間島には、かつての沖縄病の離島版のような波照間中毒という言葉も生まれていた。

多良間島は二回ほど訪ねていた。この島は人口が千二百人を超えていて、人口五百人ほどの波照間島より開けていた。しかし訪れる観光客がわずかだった。二回目はカメラマンとふたりで訪れたのだが、翌朝には、全島の人に知れわたるほど、観光客は少なかった。民宿レベルの宿も三、四軒あるだけだった。

それに比べれば波照間島にやってくる本土の人は多かった。やはり日本最南端と星空の魅力だろうか。島内に宿は十五軒もある。なにも売りものがない多良間島とはずいぶん違った。

波照間島の居酒屋のお通しはシャコガイだった。ちょっと嬉しかった

波照間島といったら泡波。本土では１万円などという高値がつく泡盛だが、島では２合1500円

しかしふたつの島に共通しているのはフクギだった。直径五センチほどの肉厚の葉が繁る木々が、家を囲み、並木をつくり、暴風を防いでくれた。この葉の濃い緑が、それぞれの島の基本色だった。

かつては沖縄の多くの島の家はフクギで守られていたはずだった。しかし家はコンクリートになり、道路が拡張されるなかで、フクギはしだいに姿を消していってしまった。

波照間島を訪ねたとき、そのフクギが花をつけていた。島の道を歩いていると、スズランのような花房がフクギの木からパラパラと落ちてくる。

「花をつける木とつけない木があるんですよ」

宿のご主人の前迎さんが説明してくれる。僕らは宿の入口にあるテーブルに座っていた。

「この場所がいちばん好きなんですよ。フクギの並木を通ってくる風が、ほかの場所とはなにか違うんですよ」

波照間中毒に罹った人々は、この風が体のなかに入ってしまった人かもしれなかった。

島にはスーパーマーケットもコンビニもなかった。店といったら、各集落が運営する共同売店だけだった。しかし売店の多くは、正午から午後三時まで休んでしまう。その時間も店を開けているのは名石《ないし》共同売店だけだ。午前中、ニシ浜に行っていた観光客が、昼食のために集落に戻ってくる。弁当でも置けば売れるだろう。飲みものを買う人も多いはずだ。しかし十二時になると、店を閉めてしまう。島に着いた翌日に十二時少し前に集落に戻ったので南共同売店に入った。冷たいさんぴん茶を買おうと思った。

「もう、店を閉めますから、急いでくださいねー」

レジのおばさんにそういわれた。商売っ気というものがまるでない。

島のツアーには、夜の星空観測が含まれている。その人たちが集落に戻ってくるのは九時、十時といった時刻になる。宿に戻ってビールを飲みたい人もいるだろうが、売店はすでに閉まっている。

島内には何軒かの居酒屋がある。民宿のなかには、食事を出さないところもある。『素泊まりハウス美波』もそのひとつだ。儲けは島民でシェアしていこうという発想である。一軒だけが儲けてはいけないことは島の不文律でもある。それは島の古さでもあるのかもしれないが、本土のビジネス社会に身を置く人にも、とろけるほど優しい社会に映る。友人はそのなかに居場所を見つけていた。彼は島にやってく

フクギに守られた波照間島の南集落。つい、見とれてしまった

ると一週間は滞在していたという。

しかしそれが夏休みであることもわかっていた。休みには必ず終わりがくることを知っている男だった。だから辛かったのだろう。

僕は島に二泊した。一時の船で帰ることにした。島に着いたときに脱いだ靴下を穿《は》いた。そして三日ぶりに足を靴に入れた。それが島を離れる儀式だった。友人もこうして靴を履いて港に向かったはずだ。

港で船を待つ。石垣島を発った船が、翡《ひ》翠《すい》色の海をゆっくりと島に近づいてくるのが見えた。

船の欠航　変わりゆく島を結んだ伝説の船

　かつて石垣島と波照間島を結ぶ伝説の船があった。『第78あんえい号』である。飛行機が運休になったあと、石垣島と波照間島を結ぶ足として頼りにされていた。

　波照間航路は、一時間ほどかかる。はじめの三十分ほどは、島に囲まれた波の穏やかな海を走るが、後半の三十分は外洋の波に洗われる。揺れるのである。これが竹富島や西表島を結ぶ船との違いだった。

　以前、波照間航路には、安栄観光の船と波照間海運の船が就航していた。安栄観光は、十二人乗りの『第78あんえい号』、波照間海運は定員八十人の『ニューはてるま』である。海が少々荒れても、走ってくれたのが、『第78あんえい号』だった。波の高さが四メールほどになっても、船を出したという。それが伝説を生んだのだろうか。

　波照間中毒といわれた波照間好きでも、この二社の船で好みが分かれた。友人は『第78あんえい号』派だったという。

この船は船内席と外側ベンチ席に分かれていた。友人は外側ベンチ席が好きだったらしい。出航前、乗務員から、

「波しぶきがかかりますよ」

といわれる席である。

後半三十分の揺れはかなりのものだったらしい。とくに向かい風のときは激しく揺れた。

「座席から体が宙に浮いて、天井に頭をぶつけそうになった」

「ひたすら吐き気を我慢した」

といった話が伝わっていた。波照間島の人は、船室席のいちばん後ろに座ることが多かった。この席が最も揺れない特等席だったからだ。

しかしいま、このふたつの船はない。『第78あんえい号』は姿を消し、波照間海運は会社自体がなくなってしまった。

いまは安栄観光の、少し大きな船が、一日三便から四便走っている。

昨年（二〇一三年）、この船がトラブルに見舞われた。揺れる外洋を走っているとき、乗客のひとりの老人が立ちあがって転倒し、けがを負ってしまったのだ。老人からのクレームもあり、波が一・五メートルを超えたら欠航という

波照間港。石垣島を結ぶ船には、さまざまな思いが錯綜する

ルールを厳格に守ることになってしまったのだ。

　これには波照間島の人だけでなく、波照間中毒の旅行者も困ってしまった。欠航が多くなり、行き来が思うようにいかなくなってしまったのだ。

　このあたりが、島を結ぶ船の難しいところだ。波照間島の人にとって、船は生活の足である。波照間島には中学校までしかない。高校からは石垣島になる。通学する生徒はいないが、用事で行き来することは多い。急ぎの物資もこの船で届く。急病の場合はヘリコプターになるが、石垣島の病院にかかっている人も少なくない。用事で本土に向かうときも、まずこの船に乗る。少々波が高くても走ってほしい……。それは島の人々の本音だった。

欠航が多いと、観光客も予定を立てにくくなる。余裕をもって前日に移動しなくてはいけなくなる。沖縄の滞在日数が増える。仕事をやりくりし、有給を使ってやってくる人には、波照間は遠い島になってしまうのだ。

それでもやってくるのが波照間ファンなのだろうが、その日程は船頼みだった。民宿は予約してあっても、欠航してしまうと、島に渡ることができないのだ。波照間島から本土に帰るときも、石垣島からの飛行機の便に合わせて船に乗る日程が組めない。石垣島に一泊することにすれば、波照間島の滞在日数が減ってしまう。

今年（二〇一四年）の春、海はしけが続いた。高い波がなかなか収まらず、船の欠航は一週間も続いたという。

経済的な損害も大きかった。船が欠航になってしまうと、宿を予約した人も波照間島に渡ることができない。宿もキャンセル料をとるわけにもいかない。トラブル以降、民宿やペンションなどの収入は、一軒あたり、百万円から二百万円ほども減っているという。

島の流儀は、本土の論理の前では脆い。波が一・五メートルという安全基準を破るわけにはいかない。もし訴訟などに発展したら、大変なことなのだ。

「そういう島になってしまったんですよ」

波照間島の人は鼻白む思いを口にする。

来年、飛行機の運航が再開されることになっている。船の欠航が多いことが要因かと思ったが、どうもそういうことではないらしい。

「リゾートホテルが建設されるらしいんですよ。それと飛行機の運航が対になった話のようですね」

石垣島の新空港が完成し、波照間島を訪れる団体客も増えた。しかし港でバスに乗り込み、最南端の碑で記念撮影をして帰っていってしまう。

「けっしてリピーターにならないような観光客が増えているだけのような気がしますね」

島の人たちの表情は晴れない。

第六章

農連市場

「午前三時の湯気」の現在を撮る

阿部稔哉

十六年前、農連市場を訪ねたことがある。知人から待ち合わせ時間を午前三時と告げられ、いくらなんでも早いのでは?と問い返すと、遅いくらいだと諭された。当日市場に着くと三時半をすぎていたが、すでにトラックがびっしり駐車し、せわしなく人が行き交っている。なかに入ると、青臭いような甘いような植物のにおいが満ちていた。

青菜、島にんじん、ゴーヤー。採られて間もない野菜たちが、生気を放ちコンクリートの床上に並べられている。大きな豆腐の塊を並べた店。できたてらしく、湯気が立ちのぼる豆腐をはさんで、店子と客が話をしている。台車に野菜を積んで忙しく運ぶ男。寝ぼけ頭が意表をつかれるほどの活気だ。早い人で午前一時には訪れるらしく、それは朝市なのかと考えるのも面倒になった。ここは一九五三（昭和二十八）年に琉球農連（現JAおきなわ）が戦後那覇の中心商業地として設立した「相対売り」が基本の市場だ。値段交渉で価格が決まるというから、どこかアジアっぽさも感じさせる。

二〇一五年から農連市場の再開発がはじまる。いままでの建物が取り壊されると聞き、訪ねてみた。

市場に着いたのは午前四時半頃だった。すでに一段落といった雰囲気が漂い十六年前の活気はない。しまった、これはいちばん賑やかなピークを逃したかと、気合を入れて翌日午前三時に再訪すると、さらに活気がなかった。灯りさえない。人がいないのだ。

「二十年前は人が多くて歩けないほど。いまは三時なんて……」と総菜屋さんは下を向いて首を振る。

「どこにもスーパーがある時代。いくら場所がよくてもお客さんが来るかね」「みんな歳とったからさ、九十歳を超えて現役だった方が最近来てない。若い人は来ないし、新しく建ててどうなるかね」。聞く人聞く人、明るい話にはならない。

農連市場は那覇の中心にありながら敷地は広い。再開発は二〇一八年完了予定だ。

16年前の市場。7時過ぎても、まだ客は多かった

現在の市場。20年前は人であふれ、身動きがとれないほどだったという

再開発構想は30年前からあった「防災街区整備事業」

近所のおばぁから仕事明けのスナックのお姉さんまで、客層は幅広い

農家の日替わり利用料310円。花、貝その他販売の利用料470円を市場側が徴収

農家から運ばれたモヤシの塊は
手作業でほぐされる

柱、シーサーの台座、窓枠……。隙間があれば計算式と電話番号の落書き。メモ帳がなかった？

市場長の苦労が偲ばれるベニヤ板。農産物以外も売るフリーマーケット状態？

南京錠で留められたペーパーホルダー。「トイレットペーパーは市民の税金により賄われています。」と横に貼り紙があった

屋根はトタンでツギハギされ、柱は何度か補強された跡がある。復帰前から那覇の中心部で60年以上も風雨に耐えてきた

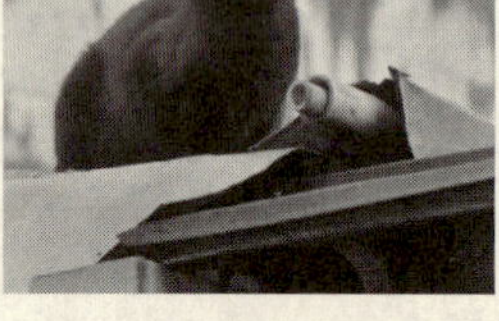

市場周辺には猫が多い。この猫たちは再開発後どこに居つくのだろう

197ページの写真と同じ場所を、逆方向から撮ってみた

剝げた天井。こんな箇所があちらこちらにある

水の落ちる力で掘られたコンクリート。年月がそうさせたのか、コンクリートが脆かったのか定かではない

第七章　コザ

世替わりを重ねた
街の人生の栄枯盛衰

仲村清司

諸見百軒通《もろみひゃっけんどお》りに来ている。コザの中心地、国道３３０号胡屋十字路から一キロほど南に位置する通りで、車で行くと見落としそうなぐらいうらぶれた地味な通りである。

この通りが見えてくるといよいよ「コザ」なのである。

もっとも地図上はそうではない。さらに南に下ったところにあるライカム交差点あたりがコザと北中城村《きたなかぐすくそん》を分ける市境になっていて、そこから北がコザ、すなわち現在の沖縄市になる。

ちなみにライカムとは、――Ryukyu Command headquarters――の略（＝Rycom）に由来していて、かつての琉球米軍司令部があったところだ。

が、僕にとっては諸見里交差点から始まる百軒通りがコザの玄関口なのだ。この感覚は那覇に移住した十七年前から変わっていない。

沖縄は時代の移り変わりを「世替《ゆが》わり」と表現するが、全長三百メートルほどのこの通りも世替わりのたびに道路名を変えてきた。

米軍統治下の「アメリカ世《ゆ》」の時代は軍道5号と呼ばれ、基地の街を縦貫する要衝として発展し、日本復帰後の一九七二年以降は那覇とコザを結ぶ国道330号の区間に指定された。さらに一帯が道路拡張されると一転して国道の脇道になり、その後は現在の通り名の商店街としていまに至っている。

そんな通りがなぜコザの玄関口なのか。

那覇方面から国道330号を北上し、諸見百軒通りを通過すると、すぐ左手に『リマレストラン』、ディスコ『ピラミッド』のド派手な建物が目に飛び込んでくる。いずれも米兵相手の店で、このあたりから景観は一変する。行く手に英字の看板が目立ちはじめ、「基地の街コザ」のあられもない風景が右に左に立ち現れてくるからだ。

（コザに入ったな）

フロントガラスに諸見百軒通りの道標が目に入ると、なにやら意気込むようにそう意識したものだ。

実際、この通りを通過する前後からYナンバーの車がぐっと増える。「Y」は米軍関係者の車両であることを示すナンバープレートだ。さらにその先の嘉手納《かでな》基地と直結しているゲート通りは、夜ともなるとあちこちで奇声を発する米兵が闊歩し、ふいにアメリカが舞い降りたような街区を形成していた。

かといって、コザはまるごとアメリカに飲み込まれたわけではない。むしろアメリカを逆手にとって、地場の文化に溶解させた。アメリカから直輸入で持ち込まれた音楽はオキナワン・ロックという新しいサウンドを誕生させたし、アメリカの食文化と融合したジャンキーな食べ物も街にあふれていた。

コザはまさに基地によってつくりあげられた沖縄のなかの「異界」であり「奇態」だった。もっといえば、それがコザの街の持つアイデンティティだったし、それゆえ、那覇にはない独特の個性を持った人たちも少なくなかった。

観光客のなかには沖縄病ならぬコザ中毒に冒される人たちもいた。那覇を素通りしてコザに直行し、コザで食べて飲みあかし、コザだけで完結させてしまうリピーターもわんさといたのだ。

といっても、これは僕が沖縄に移り住んだ数年後までの話である。「世」はまことに移り変わるもので、その後のコザは相次ぐ米兵犯罪による制裁措置や基地外禁酒令によって繁華街でたむろする米兵は激減した。

そのあおりをくって、米兵相手の多くのライブハウスや飲食店が姿を消し、基地の街のランドマークとして名を馳せた『ピラミッド』も廃業に追い込まれた。

冒頭の諸見百軒通りが「年金通り」と呼ばれていることを知ったのは七、八年前のことだろうか。復帰前は米軍関係者専用のAサインバー（米軍関係者が立ち入ることを許可された業者。店内に「A」の表示を掲げて営業した。「Approved」の頭文字）や料亭などが軒を連ね、殷賑《いんしん》をきわめていたそうだが、二〇〇〇年前後から小体《こてい》な飲み屋が増えはじめた。

僕も何度か出向いたことがあったが、客の多くは現役を退いた年金世代で、接客するホステスも還暦クラス。通りの俗称はおおかたそんな事情からついたのだろう。とはいえ客層は金ばなれのいい元公務員、教育者、銀行マンなどが多かったというから、界隈はそれなりに賑わっていた。

が、いまは「百軒」という名を冠しているのがイタく感じられるほどすたれてしまい、虫食い状に空き地になった区画さえある。客足もまばらで、いかにも寂れたスナックがところどころ点在する通りに変貌した。諸見百軒通りは文字通り斜陽化する街を象徴する玄関口になってしまったのだ。

僕の目に映っていたコザは那覇と一線を画すことを自己目的化しているような街だった。それゆえ発信される文化も異彩を放っていたが、現在《いま》のコザは往時のようではない。

コザ中毒はもはや死語になり、「素通り観光地」と呼ばれて久しい。この胸を締めつけるような言葉には真実味がある。なぜなら、コザフリークを自称してあの街に通い詰めた僕でさえ、すでに三年以上も足が遠のいてしまっているからである。

いまさらと思いつつ、僕がそんなコザに出かけたのはほかでもない。「コザはアヘンである」と豪語し、コザでバカ騒ぎしていた頃の気分に戻ってみたかったからである。

中心市街地の空洞化は市政を揺るがす社会問題になっていて、その凋落ぶりは地元のマスコミの映像でも繰り返し報道されている。加えていえば、基地被害に悩まされている街なのに、基地問題ではなく街の活性化が選挙のたびに最大の争点になっている土地なのである。

いいかえれば、手の施しようのないくらいコザは行き着くところまで行ってしまったということになる。なので、足を運べば運んだで、空しい気持ちになるのは目に見えているが、それならいっそコザという街を看取ってやろうという覚悟が自分のなかに湧いてきたのである。

僕が東京から沖縄に移り住んだ一九九六年当時、マンパワーでいえばコザが那覇

ゴーストタウンのような諸見百軒通りもアメリカ世時代は幹線道路だった

を圧倒していた。

島唄の神様といわれた嘉手苅林昌《かでかるりんしょう》、沖縄のジミヘンといわれ、映画『ナビィの恋』で一躍全国区の著名人となった登川誠仁《のぼりかわせいじん》、戦後沖縄の芸能を牽引した漫談家にして音楽家の照屋林助《てるやりんすけ》、その息子でりんけんバンドを率いたオキナワン・ポップスの第一人者、照屋林《りん》賢《けん》、さらには喜納昌吉《きなしょうきち》、ディアマンテス、ネーネーズ、オレンジレンジ、お笑い界の旗手、笑築過激団……。

若手から大御所まで、その頃の芸能人はほとんどがコザの出身か、コザを拠点にして活躍した。

人口はここ十数年、十二、三万人を推移していて、那覇の三分の一程度。

にもかかわらず、これだけの人物を輩出していたコザには街全体に勢いがあった。

周知の通り、エイサーはコザが本場で、毎年旧盆(旧暦の七月十三日～十五日)になると、各集落で道ジュネーといわれる行事が開催される。エイサーを披露する青年たちが太鼓を打ち鳴らし、踊りを舞いながら集落の路地を練り歩く催しで、いわゆる観光エイサーとは違い、地域密着型の神聖な祭りである。そのフィナーレというべき最もエキサイティングな見せ場がエイサーガーエーだ。ガーエー(オーラセーともいう)を直訳すると「対決」「合戦」になろうか。道ジュネーはどの集落も一晩中行われているので、青年会の行列が集落の境界で鉢合わせすることがある。

むろん、いずれの青年会も「うちのエイサーがいちばん!」と自負しているから、互いの意地と技術をかけた唄と踊りがその場で展開される。双方のボルテージはいっそう高まり、太鼓や踊りもヒートアップする。

そのエイサーガーエーの舞台こそが諸見百軒通りなのである。

満月の夜にこの通りで繰り広げられるエイサー合戦に僕も毎年のように駆けつけ、そのたびに酔いしれた。諸見百軒通りがコザの玄関口だと勝手に解釈したのは、この祭典を見せつけられたせいもあるのだが、ギャラリーのなかにはトランス状態に

元Aサインバーか？　かつてはこの通りも米兵たちで賑わったという

達し、興奮のあまり泣き出す者までいた。それほどまでに情熱的な伝統行事なのである。僕はなるほどコザという街が人を魅了するのは、こういうエネルギッシュな底力があるからなのだと深く納得したものである。

が、いま歩いている諸見百軒通りは南側の進入口が広大な更地になり、その先には人影すらない。その空閑とした風景が通りの雰囲気をいっそうひっそりとさせていた。

さらに進むと正面壁面に大きな英字がペイントされた建物がある。店名に違いない。が、長い間風霜《ふうそう》に晒されたせいか、文字の輪郭が消えかかっているので判別できない。おそらくは元Aサインバーだろうが、錆びついたシャッターで閉ざされているので、廃屋かどうかもわからない。
そんな建物がいくつも並んでいる。以前来たときよりも荒《すさ》み方が激しいようだ。昼下がりの太陽が通りをしらじらと照りつけ、その向こうを老婆がひとり、乳母車を押しながら歩いていた。

今年もガーエーをやるのだろうか。

やらないはずはないのだが、こういう光景を眺めていると、にわかに信じがたい気分になってくる。通りはたしか二〇〇六年に公開された『涙《なだ》そうそう』という映画のロケ地になったはずだった。

エイサーガーエーのシーンも映像に登場しているらしいが、なにやらそのことさえ幻影のように思えてくる。

誤解のないようにいっておくが、現在コザという地名はない。一九七四年にコザ市が美里村《みさとそん》と合併したのを機に改称され、行政上の地名は沖縄市になった。以来、四十年が経過しているが、コザ十字路やバス停のコザ、コザ高校、コザ信用金庫やコザ運動公園など、「コザ」の名前はまだずいぶん残っている。

ちなみにコザの名の由来を紹介しておこう。

コザ市の前身である越来村《ごえくそん》の胡屋＝「ごや・こや」と隣接する美里村の古謝＝「こじゃ」を米軍が混同したという説、同じく米軍が「胡屋＝Koya」を「Koza」と誤って表記したという説、米軍が駐留した古謝＝「こじゃ」を沖縄では「クジャー」と発音することから、「クジャ」→「コジャ」→「コザ」と転じたという説など諸説あって、いまもって確証はない。

ただ特筆すべきことは、土地の人々がコザというカタカナ表記の地名を受け入れたことである。

越来であろうが胡屋であろうが、もともとは漢字表記の地名があったわけで、土地の名前は土着の人々のアイデンティティそのものといっていい。いくら占領されたとはいえ、異民族に勝手に地名を変更されるのは、住民感情を逆なでするおそれがあるし、占領政策としても上策とは思えない。

これがもし、王城の地の首里や県都の那覇であったなら、どうなっていただろうか。首里や那覇は気位の高い人々だから、おそらく、かなりの反発を買っていたに違いない。

ところが元越来村の人たちはそのことに対してとくに抵抗することもなかった。それどころか、自治体としての名称以上にこのコザという地名に馴染み、旧地名以上に愛着を抱くようになった。

それが証拠に、僕がコザ通いに明け暮れていた頃は、沖縄市になってすでに三十年近く経過していたにもかかわらず、地元の人は沖縄市とは呼ばずに「コザ」で通していた。

もともとコザの人たちは物事にこだわらない鷹揚な性格をしているというが、あるいはもしかすると、これもそういう気質を示す一例かもしれない。

このことは土地の年配の人々がいまも口にしている言葉を聞けば容易に理解できる。

アメリカ世を過ごした基地周辺の人々は「お冷や」を「アイスワーラー」、「ツナ缶」を「トゥーナー」、「シチュー」を「ストゥー」、「パーティ」を「パーリー」などと発音する。

彼らは英会話が堪能というわけではない。米兵から直に聞いた耳英語で発音するのだ。なので、いまでも給料日はペイデイと表現するし、おばぁは「ワッシンマシン（洗濯機＝washing machine）に入れるダウニー（柔軟剤のダウニー＝Downy）ないねぇ？」などといったというギャグめいた話まである。

耳英語を駆使しながらアメリカ世を生き抜いた人々のたくましさと機知がうかが

えるエピソードだが、興味深いのはこういうネイティブスピーカーなみの発音を米兵相手だけでなく、ふだんの日常会話として使っていることである。

このたぐいの話は沖縄全県であったように流布されているが、本来は基地が集中している地域が発祥で、その舞台もおおむねコザである。

むろん、コザの人たちも好んでそうなったのではないだろう。そういう気風をみずからチャンプルー文化だと称しているように、古来、この土地には何事も拒むのではなく、まずは迎え入れ、やがて融合させて自分たちのものにしていくという伝統があった。

あるいはもっとドライに、コザは「理」より「利」を優先するという人もいる。これは決して悪い意味ではない。四半世紀以上にわたって隣人は異民族であり、その支配下にあったという特殊な環境で生きぬくための才知がそうさせたというのである。

その点でいえば、復帰から現在に至るまで、中央＝東京から入ってくるものを率先して受け入れ、それに乗り続けた那覇は「理」を優先させた土地ともいえそうである。

その対比はベトナム戦争時代（一九六〇年〜一九七五年）の米兵たちを狂騒させ

たゲート通りと中央パークアベニューを歩けば腑に落ちる。

「『南京食堂』の小籠包はおいしかったですよ」

同行してくれた女性が懐かしそうにいった。沖縄市出身の彼女は、小学校一年のときに復帰を迎えている。おそらくドル時代を記憶している最後の世代であろう。その『南京食堂』は胡屋十字路をゲート通りに入ったすぐのところにあった台湾料理屋である。

すでに触れたようにゲート通りは嘉手納基地の第二ゲートに直結しているため、道路そのものがいわば米兵向けの門前町として発展してきた。全長五百メートルの通りの両側は派手な横文字看板を掲げる店が林立している。

そのなかで、白塗りの壁に赤い筆文字で『南京食堂』と大書された建物はどこから見ても目立っていた。中国とアメリカがうまく混じりあっている感じで、それがコザの街の特徴をうまく演出していた。

僕もコザに足を運ぶたびに『南京食堂』に通ったものである。舌が火傷しそうなくらい熱々のスープがジュッとしみ出る小籠包は名物で、ハフハフと舌鼓を打ちながら、ビールをあおった至福の瞬間はいまも脳裏に焼きついている。

彼女のひと言のおかげで、僕は夜を徹してナイトクルージングをしていた頃のコースを思い出した。

『南京食堂』で小腹を満たしたあとは、伝説のロックバンド「コンディション・グリーン」のボーカル、カッチャンこと川満勝弘氏のライブハウス『ジャックナスティ』で年甲斐もなく縦ノリになり、それから中之町のスナック街に流れる。おでん屋か民謡酒場の『なんた浜』で飲み直し、さらにゲート通りの裏通りに戻り、バーでウイスキーを二、三杯。それでも僕は飲み足らず喰い足らずで居酒屋を物色した。コザフリークなら誰もが一度は足を運ぶコースではなかったか。

コザはさほどに夜が深くて長く、懐に余裕があるときは「上質のB級」をうたい文句にしたコザフリークの定宿、『デイゴホテル』に投宿することもあった。

年を重ねてハシゴ酒に疲れ、飲み方が落ち着くようになってからは、コザで唯一の屋台、『よねさかや』を宿り木にするようになったが、とにかく十数年前は飽くことなく通い続けた。

当時お気に入りだった店は米兵のみならず、フィリピン人、香港人、台湾人などもいて、『南京食堂』も多国籍の人たちで賑わっていた。那覇では考えられない感覚で、ゲート通り周辺はフィリピン、南米、メキシコ、インドなど本場のエスニック料理店があちこちにあった。

これらの飲食店は復帰前のベトナム戦争の頃から営業していたが、この数年で多くの店が廃業している。

『南京食堂』も例外ではなかった。大人気の小籠包は一日に五百個以上つくっても完売するほど繁盛し、ガイドブックには必ず掲載される有名店だった。しかし、コザの衰退とともにつくる数も減り、ついに店は十年前に閉店した。店主の老夫婦は台湾に引き揚げてしまったという噂もあるが、消息は定かでない。

現在のゲート通りはコザがもっとも繁栄した時代の空気をかろうじて残している界隈で、カフェ、ライブハウス、ブティック、クラブなどが軒を連ねている。

いまもって夜の街の印象が強いが、アメリカ人の姿は昔ほど見かけなくなった。かつてクラブやディスコは外国人オンリーの店も多かったが、最近は日本人向けに切り替えるところが増えているという。

円高や基地に勤務する兵士の減少、オフリミッツ（一定の民間地区へ米軍関係者の立ち入りを禁止する措置）などの制裁措置で米兵相手だけではやっていけないのが実情なのだ。

ゲート通りは若者向けのメンズカジュアルショップも多く、昼間はファッションストリートに一変する。インポートが中心なので価格が安く、米兵もそれなりにいるし、地元の若者の穴場的なスポットにもなっている。

米軍の階級章や部隊のマークが入った刺繡を商う店もあるが、こういう店も退潮傾向にある。

かつては、帽子や上着に自分の名前や赴任地を刺繡することが流行り、米軍からも階級章などの注文が相次いだ時期もあったのだが、ベトナム戦争後は円高の影響で受注が激減。以前に比べると店の数もずいぶん減少している。

基地周辺には質屋も多いが、これは帰国の決まった米兵たちが不要なものを質屋に売って処分するからである。

また、前述した『南京食堂』もそうだが、インド人が営むテーラーなど、外国人オーナーの店が多いのも特徴で、これには明確な理由がある。

コザが基地の街として最盛期を迎えたのはベトナム戦争の頃である。沖縄ではベトナム特需といわれているが、当時のコザ市経済の八割が基地関連収入だったといわれる。

まさに基地によってお金が回った時代で、いまの言葉でいえば基地バブルといっていいだろう。その効果によって、コザは急速かつ飛躍的に経済発展を遂げた。

沖縄出身のエッセイスト、古波蔵保好《こはぐらほこう》が記した『料理沖縄物語』（朝日文庫）には、そのコザ市が生まれる前のこの地域をしのぶ記述がある。

――春の町並みに風情を添えるのは、楊梅《やまもも》売りの乙女だった。楊梅を、沖縄の人は単にモモという。第二次大戦で沖縄が戦場となるまでは、沖縄島の中部に当る越来（ごえく）の山内（やまち）、諸見里（むるんざとう）というところに、楊梅の樹林があって、そこを「モモ山」と呼び、産地として有名だったのである。

なにやら抑えがたいほどの愛惜を感じる農村風景が目に浮かんでくるが、これまで繰り返し述べているように、越来はコザの前身であり、諸見里は現在の諸見百軒通り付近、山内はその東に隣接している地域である。

ついでながら、「春の町並み」とは古波蔵氏が暮らしていた首里のことで、うら若い娘たちは現在の宜野湾《ぎのわん》市大山、真志喜《ましき》の女であったという。その娘たちははるばる越来や諸見里までモモを仕入れにいったのかどうか。

ともかくも、戦後は米軍基地が建設され、コザという街が現れると、モモ山は跡形もなくなった。昔は人家さえ少なかったところが、みるみる都市になったと、古波蔵氏は記している。

一九五〇年代のコザは人口の六割が他地域から流入してきたといわれ、奄美や日本本土から職を求めてやってきた人もいた。

その職とはいうまでもなく基地関連産業で、なかには特飲街（いわゆる「赤線」、風俗街）の商業施設や風俗施設に従事する女性も少なくなかった。

ようするにこうした状況下でベトナム戦争が勃発し、沖縄の米軍基地は出撃拠点になったのだ。

凄まじいベトナム特需が沖縄を席巻した。ただし、この表現は正確ではない。その特需によってお金が回ったのは基地のある沖縄本島の中部地域で、渦巻くお金の中心にいたのがコザであった。

「那覇でも商売をコザまで広げた人は儲けたようですが、中部の人は儲かった。極端にいえば米兵相手であれば、どんな商売をしても儲かったものです」

当時のことを知る人は口を揃えてそう証言する。つまり、コザと那覇とでは世情の様相にあからさまな違いがあったというわけだ。

そのアメリカン・マネーを求めて、華僑をはじめ、台湾人、香港人、インド人、フィリピン人など多くのアジア人がコザにやってきた。つまりは現在、ゲート通りで商売をしている外国人の第一世代はおおむねそのような人たちだったのである。

ゲート通りの北に位置する中央パークアベニューは当時、「ＢＣ通り」（ビジネスセンター通り）と呼ばれた歓楽街で、この通りも特需に沸きに沸いた。

商売相手になる米兵も単なる兵員ではない。

「湯水のごとくというのはああいうことをいうんだと思ったよ。持っているお金はとにかく全部使う。なにしろ、翌日には戦地に行くかもしれん兵隊だからね。飲んで騒いでベロベロになるまで豪遊してさぁ。生きて帰れるのかどうかわからん兵隊ばかりだから、かわいそうだったけど……。いま頃どうしてるかね」

僕がコザ通いをしている頃に行きつけにしていた飲み屋のママさんの話である。

こういう乱痴気騒ぎがゲート通りやBC通りで毎夜繰り返された。むろん、売り上げも尋常ではなかった。

「一晩でドラム缶一杯にドル札がたまって、それでも入りきらないから、足で札束を踏んで押し込んだという話もあるさー」

いささか話に尾ひれがついている気もしないではないが、それでも米兵の落とすお金は半端ではなかったようで、「札束が分厚くて折り曲げられないから財布は持たない。輪ゴムかなにかで巻いてポケットに入れてくる。釣り銭も受けとらず、一晩で使いきる連中も多かった」という証言も残っている。

ただごとではない光景というしかないが、同行者も当時の繁華なコザの様子を覚

並木通りに生まれ変わったパークアベニュー

えているという。

「那覇に比べるとコザは垢抜けていましたよ。海外の有名ブランドはライカム交差点近くの『プラザハウス』で買えたし、胡屋や園田、コザ十字路近くには映画館がありました。ゲート通りは大勢の人で賑わっていて、私はステーキハウスによく連れていってもらったことを覚えています」

ちなみに彼女のふだんの食事は洋食が中心で、コザの人は小さい頃からナイフとフォークを使うのが常識だったという。

古波蔵氏のエッセイにあった楊梅が熟れるのどかな農村はわずか二十年足らずで、街角からジャズが聞こえてくるようなモダンでハイカラな街に生まれ変わっていたのである。

「復帰してからもそうですが、コザはアメリカに近く、那覇は限りなく東京に近い気がします。かといって、コザは都会ではないのです。うまく表現できませんが……」

と彼女はいうのだが、芥川賞作家の大城立裕氏はコザを称してこう述べている。

――コザはにぎやかな田舎だ。

言い得て妙、といえる表現ではないか。

もとよりコザは都会としての伝統はなかった。かといって鄙《ひな》ではない。見かけはたしかにアメリカンなのに、どこかバタ臭く、要領は決して悪くないのに、なぜか乗り遅れてしまう……。街を歩くたびに僕はそんな感覚にとらわれていた。

事実、ベトナム特需は嵐のように過ぎ去っていった。加えて、前述したように、駐留米軍が縮小され、相次ぐオフリミッツで米兵はお金を落とさなくなった。街は米兵が繰り出した中心市街地から寂れ、商店街は廃業する店がうなぎ登りで増えていった。

もっとも、僕はそういうコザが嫌いではなく、ようやく居場所を見つけたような感覚も持っていた。それが高じて、一時期、本気でコザに移り住もうかと考えたこともあった。

当時、那覇はモノレール敷設工事にともなう再開発であちこち普請だらけで、中心市街地はみるみる変わっていった。

僕の暮らしていたアパートの前には公園を併設した牧志御願《まきしうがん》という拝所《うがんじゅ》があったが、これも道路拡張工事で敷地の半分以上が削りとられてしまった。さらには、那覇の奥座敷といわれた桜坂社交街も新道が開通して国際通りから丸見えになった。きわめつけはショッピングモールと高層住宅によってコンクリート一色になった新都心地区で、ここは街のみならず地名も付け替えてしまった。もともと銘苅《めかる》と呼ばれた場所に「おもろまち」というその土地に縁もゆかりもない名前をつけてしまったのである。

東京暮らしに飽き飽きして移り住んだにもかかわらず、那覇はいたるところ東京をまねた街並みに変貌していった。

そんな那覇暮らしに悶々としながら、一方で寂れていくコザのことをしきりに思った。コザの人たちは米軍が読み間違えたかもしれない地名を受け入れたが、それは生活するためにやむをえない「利」の追求だった。

しかし、那覇はそれだけではなかった。地名を改称させたあとも再開発は止まらず、現在もひたすら東京まっしぐらの「街の作り替え」が続いている。

どうやら、那覇は「理」も「利」も追求する街になってしまったのである。が、あれほど慕っていたコザも同時期、街の生き方を変えている。

一九九七年に開設されたショッピングモールの『コリンザ』、二〇〇六年に設立された『コザ・ミュージックタウン』は多目的音楽施設であったが、いずれも不発。低迷する一方のコザの起死回生を狙った鳴り物入りの事業であったが、ハコモノでは街を活性化することができなかった。

一方の那覇はハコモノだらけの新都心が莫大な経済効果を生み、基地の跡地利用のお手本とまで見なされるようになっている。同じハコモノが白と黒ほどに明暗を分けてしまったのである。まことに皮肉な結果というほかない。

コザは那覇に水をあけられるどころか、いまや完全に圧倒されている。沖縄市観光協会の調査によると、沖縄市の入域観光客数は県全体の〇・五パーセント程度。その数字を裏づけるように、かつてドル箱商店街だったパークアベニューはシャッター通りと化し、隣接する一番街やサンシティなどのアーケード街も壊滅状態に陥っている。

パークアベニューの中心部。客足はさっぱり

開いているお店を探すほうが難しい一番街。お年寄りしか見かけない

その一番街に足を延ばしてみた。瀬戸物屋と呉服屋しか見当たらない。三年前は飲食できる店もちらほらあったのに、いまやそのたぐいの店はほとんど失せている。ため息がでそうなくらいシャッターばかりが続いている。

ある商店のおじさんに話しかけてみた。

「手の打ちよう？　ないねえ。車社会だからこういう商店街はただでさえ入りにくいし、店主は私みたいな年寄りばかりだし……。若い人が来てくれないとダメだねえ」

「それにしても、なにか方法はないのでしょうか」

と執拗に問うと、

「教えてほしいぐらいだよ」

と、空しい答えだけが返ってきた。

僕は何を商う店かもわからないままアーケードを抜けていた。

懐古趣味にひたりつつ、看取る覚悟でコザに出向いたものの寂寥感ばかりが募ってくる。

「さて、どうするか……」

そもそもどこに行こうかと迷うことがないくらい面白がることができた街だったのに、みごとに行き先に詰まってしまった。

「そろそろお腹が空いてきたので、ドライブインに行ってみませんか」

同行者が誘ってくれたのは前にも行ったことのある『ハイウェイドライブイン』だった。そこは胡屋十字路から国道330号を下り、七、八分のところにある美里地区の洋食屋である。

その地域はコザ市と合併する前は旧美里村に属していた。ただ、僕にとってそのエリアはコザではない。

コザという街は胡屋地区を中心にして北はコザ十字路まで——。コザを知る人なら、この感覚は誰もが納得してくれるのではないか。

正直、コザ十字路から先はどこまでが沖縄市なのか、いまもってよくわかっていない。

同行してくれている彼女は美里からさらに北に少し行ったところにある登川地区の出身で、実のところ、僕はコザ十字路から北のエリアは美里を含め、旧具志川市、現在のうるま市に属するのだと勘違いしていた。

が、その思い込みはあながち外れてはおらず、彼女自身も、胡屋方面に出かけるときは「コザに行く」といっていたという。聞けば、彼女も僕と同じくコザといえば、胡屋地区を中心とした地域をイメージするらしい。

だとすれば、コザは胡屋十字路を中心に半径一・五キロ以内の広さの範囲でしかない。僕は実に狭い場所で楽しんでいたことになるが、あらためてそのことを知ると、コザという街はやはりディープな土地というべきか、語るに尽きせぬほど深みのある文化と歴史を持つ街だったということになる。

『ハイウェイドライブイン』は復帰の年の一九七二年から創業している老舗である。ドライブインというと高速道路にあるパーキングエリアのような店を想像する人が多いかもしれないが、沖縄のそれはかなり趣が違っている。

店内はやや広めの食堂と同じ規模で、奥には小上がりや座敷を設けている店も多い。食堂との違いは洋食メニューがメインで、ほかにも中華や和食もあり、いわばアメリカ風大衆食堂といったところか。

沖縄のドライブインレストランは基地周辺に点在し、『ハイウェイドライブイン』も米兵向けの料理が多かった。しかし、コザの商店街がそうであったように、時代とともに米兵の足はしだいに遠のいていった。そもそも、彼らは食事だけなら基地内のレストランやＰＸ（購買部）で間に合ってしまう。

休日は行列もできる『ハイウェイドライブイン』。人気は圧倒的に洋食ランチ

そこで店もしだいに和食のメニューを増やし、現在はフライやステーキ、ハンバーグなどの洋食系と、親子丼、カツ丼、焼きそば、チャンプルー、沖縄そばなども加わり、米・中・琉・和がみごとなまでに混在している。

不思議なことに、どのドライブインもカレーライスはあのドロリとした黄色いカレーである。『ハイウェイドライブイン』も黄色いカレーの名店のひとつで、前に訪れたときは昔懐かしい昭和の味を堪能した。

ドライブインにこうした料理が残っているのは、創業者の多くが復帰前の基地内レストランで調理法を学び、その味が代々受け継がれてきたからといわれている。基地内では中国料理も食べられていたようで、『ハイウェイドライブイン』にも広東料理のチャプスイなどがメニューにある。

それにしても、この店のメニューは眺めているだけでも楽しい。

ステーキエグス
ベーコンエグス
ハムエグス
チャプステーキ
エグサンド

米兵向けに出していた料理が例の耳英語のままメニューに載っているのだ。和食のところには「みそ汁」「おかず」もある。同じ欄の「ポークエッグ」はおそらく「ポーク玉子」のことだろう。

大城氏の「にぎやかな田舎」は『ハイウェイドライブイン』でも健在だった。

そういえば、那覇のステーキハウスの店主は興味深い話をしてくれた。アメリカ人というとステーキを連想するが、そうではなかったという。ベトナム戦当時、彼らは食い物にお金を使うより、アルコールにお金を使ったらしく、飲みに出かける前にはサンドイッチをほおばる程度ですますことが多かったそうだ。そんなわけで、今回は当時の味と気分を体感してみたいと思い、「ハムチーズサンドウィッチ」を注文した。

カウンターから厨房の様子を凝視してみると……、パンはトースターではなく鉄板で焼かれ、ハムと卵も同時に同じ鉄板でソテーされる。手際よく調理された「サンドウィッチ」は薄くスライスされたトマトとタマネギも挟まれ、手に持てないぐらい熱々。お好みでどうぞと出されたマヨネーズは脂気の強いアメリカ製の「EGGO」であった。

コンビニなどの冷え切ったサンドイッチとは風味がまるで違う。どの部分を食べても日本のものとは異なる味だった。

「なるほどアメリカ人はこんな濃厚なものを好んだのか」

思わず唸ってしまったが、この手の味を食べ慣れている彼女は、「これ、この味です！　久しぶりに食べたけどおいしい！」と、これまたしきりに唸っている。

店内を見渡すと、ひっきりなしにお客さんが入ってくる。そうして、おじぃもおばぁも子供たちもナイフとフォークを上手に使いこなしながら、ランチを食べている。

コザのアメリカ文化は街外れのドライブインにしっかり残されていた。それもアいた。

メリカ人ではなく、沖縄人によって連綿と受け継がれていたのである。ユニークな光景を眺めやりながら、僕はコザに入れ込んでいた日々を思い出していた。

ちょうどその時期、中部の買い物客の動線が一気に変わる出来事が発生した。隣接する北谷《ちゃたん》町の基地返還跡地に二つの大型ショッピングモールが完成したのだ。寂れゆくコザはだめ押しの鉄槌を打ち込まれた形になった。

それでもコザの人たちの多くは、街が輝いていた頃のことばかりを語っていた。まるで、ベトナム景気に沸いたあの時代の亡霊に取り憑かれているように熱弁を振るった人もいた。

なかには、「もう一度、派手な戦争が起こってくれんかね」と、冗談ともつかぬことをいいだす人までいた。

思えば街が衰退基調に陥ってからすでに三十年近く経っていたのである。コザの人たちは夢から覚めきれないというより、この事態が来ることを予感する以上に確信していて、夢を見ることすらできなくなっていたのかもしれない。

もうひとつ気になることがある。首里や那覇には鼻につくほど昔語りの好きな人たちがいくらでもいるのに、コザには越来村時代の話をする人がほとんどいないのだ。

　他の地域からの流入人口が多かったことも原因なのだろうが、それにしても、コザ以前の風景を語る人が少なすぎる気がする。

　コザという街には現在《いま》もなく将来の姿もなく、ただひとつ、ベトナム特需に狂奔した時代だけがあったのではないか。それがコザの街だとすれば、この街はあの時期コザとしての役割を終えてしまったのかもしれない。

　もっといえば、あの時代を語っても共有できない世代の人たちが大勢を占めているせいか、最近はコザを沖縄市と呼ぶ人が多くなっているように思える。

　コザ市と美里村の合併にあたって市名をどうするか協議した際、沖縄県の中心都市にという希望を託して、「沖縄市」に決定したという。これに対して県都の那覇は猛烈に反発したらしい。しかし、この逸話を語る人はいまやほとんどおらず、同行者も知らないといった。

　あるいはこのことは僕の深読みのしすぎかもしれないが、沖縄市という呼び方が定着するにつれて、那覇に対するライバル意識を持つコザの人たちの意地も薄れてきたように思える。

同行者の出身地である登川《のぼりかわ》地区に足を運んでみた。沖縄北インターとは目と鼻の先なのに、県道を一本奥に入っただけで、車道の喧騒はうそのように掻き消え、集落は湖の底のように鎮まりかえっている。

家並みは低く、空が広い。屋敷は濃い緑のツタに被われた石塀で囲われ、行く手の道はゆるやかに湾曲している。ふいに気づいたのだが、いま歩いてきた道には自販機がないばかりか商店も見当たらない。そのことを彼女に尋ねると、

「理容店と豆腐屋が一軒あったと思います」

と、集落の静けさに合わせるように小声でいった。

どこかで見たことがある風景だなと思いを巡らせた瞬間、僕は久高島《くだか》の清らかな集落を思い出した。赤瓦で葺《ふ》かれた家は久高島ほど多くないが、時間がゆるやかに流れているようなたたずまいは酷似している。

コザからほんの少し先にこんなところもあったのか。

唖然としながら歩いているうちに、小さな十字路に出た。中央にいかにも古めかしい石碑が建っている。村立ての碑だという。碑文の脇の角柱に説明書きが添えられていた。

それによると、登川は他の集落から移り住んだ数世帯によって創立されたとあり、

ふいに現れた理容店。建物はドル時代から変わっていない

手前の石碑が村立ての碑。界隈は旧観を濃厚に残している

「この碑はそれを記念して一七三九年に建てられました。当時の沖縄で盛んに行われた集落移動を記した貴重な資料です」

という一文で結ばれている。

石碑が資料だという。この石そのものに、集落が歩んできた三百年近くの時間が閉じ込められている思いがした。

僕はふたたびコザを思い返していた。よくよく考えると、あの土地そのものは際限のない時間のなかに存在し続けてきたのであって、コザという名の街だけが戦後のほんのわずかの間、鬼っ子のように現れただけではないのか。

米軍統治下時代が「わずかの間」といってしまうと叱られるかもしれない。しかし、あの降って湧いた「史劇」のような時代さえなければ、コザはこの集落のような渺々《びょうびょう》とした風景が広がっていたかもしれないのだ。

盛者必衰のならいのごとく、それがものの道理だとすればコザが追い求めた「利」も、「理」だったということになる。

コザはようやく落ち着くところに落ち着いたのではないか。

「なんにもないところですが、私はこういう風景も好きですよ」

呟《つぶや》くように同行者がいった。

昔ながらの景色や手つかずの自然が、いまや沖縄のみならず日本中で絶景ともてはやされる時代である。

コザもそのまま枯れていけば、それはそれで味のある街を残していくのかもしれない。

（コザはそのままでいい）

そう思うと、自分にも取り憑いていた「コザの亡霊」から解き放たれていく気がするのだが、あるいはそれもまた僕の思い過ごしなのか……。

ともかくも、コザを想い続ける僕の旅はまだまだ終わりそうにない。

ポーク　主食化したアメリカ世の落とし物

コザに惑溺して通っていた頃、同地の知人のお宅に泊めてもらって、朝食をごちそうになったことがあった。

テーブルに並んだ料理を眺めながら、

(なるほど、アメリカ文化の影響を受けるというのはこういうことなんだな……)

と、激しく納得したものである。

ざっと紹介すると、
- スープ――キャンベルのクリームチキン缶
- メインディッシュ――ポークランチョンミートとスクランブルエッグ
- サイドディッシュ――コンビーフハッシュとタマネギの炒め物

ほとんどがカタカナ表記の料理なのである。そしてもうひとつ、注目したいのはクリームチキンやポークランチョンミート、コンビーフハッシュ等々、食材のほとんどが缶詰であるということだ。ちなみにコンビーフハッシュはコンビーフとジャガイモを混ぜ合わせたもの。日本では沖縄でしか流通しておらず、ポークランチョンミートやキャンベルのスープと同じく、米軍統治下時代に普及したものだ。

もはや朝食というよりはブレックファストと呼びたくなるが、ここまで洋物ばかりで揃えておきながら、主食はパンではなく、ご飯なのである。

「だって朝はご飯でないと元気がでないでしょ」

理屈になっているような、なっていないような、あまり説得力のない返事が奥さんから返ってきた。加えて、飲み物はネスカフェのインスタントコーヒー。いわゆるお茶のたぐいはなかった。

「お茶？　沖縄ではお茶は緑茶ではなく、サンピン茶（ジャスミン茶）。でも、サンピン茶はご飯に合わないでしょ」

インスタントコーヒーのほうがはるかにご飯には合わないと思うのだが、それが習慣といわれてしまえば返す言葉はない。いずれにしても食材を温めればすむというのは、主婦にとっては強力な味方に違いない。

コザに限らず沖縄では缶詰類は常備食品で、なかでも県民にいちばん人気の高い缶詰がポークランチョンミート（以下、ポーク）だ。

ポークといいつつ、その実体は豚のクズ肉をラードなどで固めたもの。もとをただせば第二次世界大戦で盛んに利用された野戦食である。味が濃く、油脂分も多いので、フライパンで焼けばすぐ食べられる。まさに戦時下にうってつけの食材だった。

なかでも一九三七年に開発された『スパム（SPAM）』は連合軍に大量供給され、旧ソ連のフルシチョフ共産党第一書記は「スパムがなければ、われわれはドイツ軍に勝てなかっただろう」と絶賛した逸話まで残っている。沖縄には戦後米軍によってもたらされ、またたく間に普及した。ちなみに日本への輸入量の九割が沖縄で消費され、スーパーではケース買いする人までいる。

スパムと人気を二分しているポークがデンマーク製の『チューリップ（TULIP）』で、県民はこのどちらかを愛用しているといっても過言ではない。こだわりも強く、「うちは祖父の代からうちスパム！」とか「チューリップでないとポークとはいわせない！」と主張する人も少なくない。

ここのところが僕にはいまも理解できないでいる。戦時は役立つかもしれないが、平時はしょせんジャンクフードのたぐいなのだ。味もそれほど変わらないし、そもそもこだわる必要のない食べ物ではないのか？

しかも、添加物もかなり多く、こういうものをこだわってまで食べていいのかと思うのだ。が、沖縄では焼くだけではなく、カレーやみそ汁の具にしたりもする。ジャンキーな食べ物の常として、一度舌に刷り込んでしまうとやめれないのかもしれない。

とまあ、沖縄人はこのポークを主食なみに食べているのだが、先日、コザの農連市場にある業務スーパーに入ったとたん、思わず立ちすくんでしまった。

入口正面の缶詰コーナーがポークランチョンミートで全面的に覆い尽くされていたのである。それもスパムやチューリップだけでなく、『ミッドランド』『プレム』『ウィンドミル』という初めて見る商品もびっしりと並び、果ては『美人ポーク（CELEBRITY）』なる商品まで陳列されてあった。パッケージにはその名の通り白人の金髪美女のイラストも描かれている。

スープでおなじみのキャンベル社の製品もミネストローネやポークビーンズなどもあって、もう見ていて飽きないというか、沖縄にはこんなに多くの缶詰が輸入されていたのかと、あらためて痛感したしだい。

さらに怪しい缶詰もあった。それが『白菊印魚団』。側面にはわざわざ「T

アメリカ世の落とし物がズラリ並んだ棚。スパムのポークだけでも4種類ある。このあたりはさすがコザ！

EMPURA」とローマ字表記されてあり、どうやら揚げカマボコを甘辛の醤油で煮た缶詰らしい。

鯛の絵が描かれているけれど、原材料名は「たら、まぐろ、いわし」。鯛は使っておらず、聞けば台湾向けに加工された純日本産の缶詰らしく、日本では九割以上が沖縄で消費されているという。

それにしてもなにゆえ沖縄人は缶詰ばかり食べているのだろう。一説にポークは県民の豚肉志向と合っているからといわれてもいるが、それだけではあるまい。戦前の沖縄では豚肉を食するのはハレの日のみで、日常の主食はイモ。タンパク質は豆腐から摂取していた。そんな質素な沖縄の食卓に戦後、ポークに代表される安価な畜肉缶詰がどっと入ってきたのである。

しかも缶詰は保存が利くし、食中毒になるおそれも少ない。高温多湿の環境には利便性の高い食材だったのだ。沖縄の食生活が一変したのは当然だったといえよう。

ついでながら、最近では無添加ポークや減塩ポークも相次いで販売されている。食材が豊かになっても、沖縄の人たちはポークだけはやめるつもりはないらしい。いやはや……。

第八章

沖縄通い者がすすめる
週末沖縄

食堂、スナックに立ちはだかる再開発と後継者の問題

はるやまひろぶみ

二〇一三年十二月、また一軒の店が長い歴史に終止符を打ってしまった。『嶺吉食堂』

那覇港近くにあった、てびちの名店だ。飛行機の到着時間によっては、空港から店へ直行することも少なくなかった。座敷席のほかにパイプ椅子とテーブルがあり、数人のおばさんが働いている、正統派の食堂。ただしメインはてびちだ。

てびちというのは豚足をぷるぷるになるまで煮込んだもの。沖縄では「てびちそば」「煮付け」「おでん」などで食される。

店に入ると店主である小さなお母さん（おばぁ）が笑顔で迎えてくれて、大きなてびちが丼にどーんと盛られて運ばれてくる。

『嶺吉食堂』のてびちには特徴がある。ほかの店やおでんに入っているてびちのように全体がトロットロになっているのではなく、しっかりと形が残っていながらとことん軟らかく煮込まれているのだ。食べたあとに口のまわりがべたつかないのは、

その、軟らかいけれど煮崩れしていないというのが大きな要因だったようだ。ということに気づいたのは、店が長い歴史を閉じる間際だった。

『嶺吉食堂』では、豚足のカットも店主のお父さん自らがやっていたという。肉業者にはマネできないような切り方をしていたらしい。形や切る順番などに加え、いちばんこだわっていたのは筋肉繊維へのカットの角度だった。それが煮崩れを起こさない秘密だった。なにしろ、長時間にわたって茹でて洗って煮込んでという作業を行い、ようやくあの軟らかさが生まれるのだから、煮崩れしてしまうようだと、作業を進めるうちにてびちはどんどん小さくなってしまうだろう。そんなロスを出さずに均一な大きさを保ったまま軟らかく煮込まれた、まさに職人技によって生まれたてびちだったのだ。

一九六一（昭和三十六）年開店なので、五十三年間にわたって多くの人に愛されてきたことになる。

閉店のいちばんの理由は、「立ち退き」だ。

店があった場所はもともと市の土地だったのだが、戦後の混乱期に無断でその土地を使って食堂を営業していた人がいた。土地代などは払っていないだろうその人から、『嶺吉食堂』の店主が土地を購入したのだ。つまり、金を払って得た土地ではあるが、もともとの持ち主である那覇市に支払ったわけではないので、その土地はずっと市のものだったわけだ。

そして市が立ち退きを迫ってきた。公園をつくるという。たしかにこのあたりにはアパートも多いので子供たちもいるだろう。だが、名店を立ち退かせてまで必要な公園だろうか。疑問に思ってしまうのは店が好きだからだろう、といわれてしまうのかもしれないが……。

立ち退きをきっかけに、移転の可能性を残しつつ閉店という決断をした店主夫婦だが、もうおふたりとも七十歳代なので、新しい場所で再開というのは難しいのかもしれない。最後に店へ行ったとき、お母さんに再開してほしい思いを込めて、「ちょっと休んでね」といったら、「ちょっと休まないとね〜」と笑っていた。しかし息子さんいわく、「店主夫婦は引退です」とのこと。

新しい店が見つかったとしても、以前のクオリティのてびちを提供することは不可能かもしれないという。さらに価格もかなり上げざるをえないだろうとのことだ。以前お母さんは、「儲けをいちばんに考えてはいない」といっていたが、それはあの店で営業していたからこその発言であり、別の場所で新規開店し、営業するごとに赤字になるようではさすがにやってはいけないだろう。

いまはなき『嶺吉食堂』

『嶺吉食堂』店内。沖縄の食堂はたいていこんな感じ

奇跡の復活という可能性がゼロとは思いたくない気持ちもあるのだが、もしかしたら『嶺吉食堂』は、数多ある「伝説の食堂」のひとつになってしまうのかもしれない。

このように再開発、立ち退き、後継者問題などの理由でお店を終わらさざるをえないという話が、沖縄にはたくさんある。むしろこのところ、さらによく耳にするような気がする。

それはつまり、これまでは開発されることなく、昔からの店や場所、路地などが残っていたということになるのだが、近年は開発することによって生まれるウマミが内地並みに蔓延してきたのか、多くの庶民遺産的なものが無惨につぶされることが増えてきているように感じるのだ。

ところで、内地の人にとって「食堂」というのはあまりなじみがないかもしれない。東京でも、ケースのなかに放置された食品サンプルが変色して、皿からご飯がずれてしまっているような、古くからある大衆食堂や定食屋は、たまに見かける。もちろんおいしい店も知っている。

だが、内地で幅を利かせているのはチェーン店が多いし、なによりファミリーレストランがある。どの町にも必ずといっていいほどある。中学生や高校生が学校帰りに寄ったり大学生が勉強をしていたり、それこそファミリーが夕飯を食べに来ていたりする。沖縄ではこのファミレスに代わるのが、食堂なのだ。

店舗数は、ファミレスよりも沖縄そば専門店のほうが多く、沖縄そば専門店よりも多いのが食堂だ。食堂の数はファミレスをはるかに凌ぐ。

食堂には、さまざまな職種の働き盛りな男性、ユンタク（おしゃべり）しながらしっかり食べるおばぁ、信じられない量を食べる高校生、座敷で寝るおじぃと、まさに老若男女が集まってくる。

おばぁがひとりで切り盛りしている小さな食堂もある。そういうところでは定食を食べていると、「はい、天ぷらあげよーねー」とスッと皿の上に天ぷらを載せてくれたりもする。ウチナーグチ（沖縄方言）でいうシーブン（おまけ）だ。また、隣に座った常連客のおばぁが、「この店のゴーヤーチャンプルーはとてもおいしいですよー」と話しかけてきたりする。飲み屋で隣の人と話が弾むということは内地でもよくある話だ。それが普通の食堂でも展開されるのが、実に沖縄らしい。ウチナーンチュは恥ずかしがり屋なくせに話しかけてくる。でもそんなおばぁとの会話は、なんだかほんわかと温かい気持ちになって落ち着いてしまったりもする。

そういう小さめの店を除いた、ほとんどの食堂に共通していえるのが、メニューの数とおかずの多さだ。

厨房で数人のおばぁが忙しく働き、メニューは壁一面に張られた短冊。「ゴーヤーチャンプルー」「ゴーヤーチャンプルー（刺身付き）」「ゴーヤーチャンプルー定食」など、一品のバリエーションも多い。ちなみにこの三つはどれもご飯がつくのだが、最後の「ゴーヤーチャンプルー定食」までになると刺身、チキンカツ、そば小がセットになってきたりして、うっかり頼むと「あわわわわ」とうろたえることもある。

また、ハンバーグやカツなどガッツリ系の高カロリー洋食の定食もある。AランチやCランチ、なぜかわからないが突然Sランチだったりする名前の謎も多い。スペシャルのSかと思って聞いてみたらそうでもないらしく、謎は謎のままだったりする。「適量トンカツ五百円」というメニューもある。わざわざ「適量」と書くということは、ただの「トンカツ」はどれほどの量なのだろうか。

食堂に関する、ビックリしたり、思わず脱力してガックリしたりする話は挙げればまだまだある。すべての食堂がおいしいとはいいきれないが、おばぁたちがつくっている沖縄家庭料理は、たいてい間違いはない。

食堂で「豆腐チャンプルー（そば付き）」だと、こんな感じのボリュームでくる。刺身やチキンカツが付くと「定食」になる場合も

しかし、そんな食堂でさえ、数カ月ぶりに訪れるとなくなっていたりすることがあるのだ。赤瓦三角屋根の小さな食堂が、ある日行くと建物はあるが営業しなくなっていて、さらに日を空けて行くと駐車場になっていたということもある。営業を続けられなくなった理由はさまざまだろう。『嶺吉食堂』のように、その店が大好きで、いくら通っていようと、再開発や後継者問題などの事情で閉店してしまうことはあるのだ。

せんない話である。

だが、それでもやはり食堂には通ってしまう。

観光客がたくさん訪れる通りの小綺麗な飲食店が悪いとはいわないが、せっかく沖縄に行ったのであれば、お洒落さとはほど遠いかもしれない地元の人が通うような食堂に行ってみてほしい。楽しいことも発見できるし、おいしい沖縄料理も食べられる。ともすれば、おばぁとコミュニケーションがとれるかもしれない。元気になれる要素がたくさんあるはずだ。

早く行かないとなくなってしまうよ、とまではいわないが、経営者の高齢化は否めない。若い人に正しく継承される食堂の数は、いったいどれほどのものかと暗澹《あんたん》たる気持ちになってしまう。

もうひとつ、後継者問題で存続が危ぶまれているのが、スナックだ。

七十歳代のママが経営している店はたくさんある。娘、または知り合いの若い女性（四十歳代くらい）に店を継がせるというパターンもないことはないが、その数はわずかだろう。

ゆいレールの安里《あさと》駅から歩ける三原のスナック街では、高齢化のため引退して閉店、新オーナーが新規オープンという流れがある。しかし、その新オーナーもおばぁだったりする。

若い人が居抜きでそのままちょっと変わったスナックを経営する場合もあるが、どうにもスナック街は廃れていく傾向にあるようだ。経営者も客も高齢では、いかんともし難い。

第九章で詳しく書かれているが、安里の栄町通りには若い店主の店が次々にオープンして、廃れかけていた町が再生されつつある。焼き鳥屋やワインバーなどがスナックと共存して、町に若者を呼ぶことに成功しているのだ。まあその若者たちはあくまでも若い店主の店に行くのであって、スナックに通うようになっているわけではないのだが……。

スナックというと警戒してしまう人もいるだろう。たしかに、隠していた空きビール瓶をいつの間にか並べられているとか、隣に店の知り合いのおばぁが座っていて、いつの間にか一緒にビールを飲まれていたなどという悪質な店もある。だが、まるで前述の食堂のようなスナックもたくさんあるのだ。

泡盛を一合頼んだだけなのだが、ママが「これ食べる?」「はいどーぞ」とおつまみを次々に出してくるのだが、会計は泡盛の五百円だけ。まるで家に遊びに来たような感覚でつまみを出してくれる。つまみといってもこの場合は乾きものではなく、刺身や煮物などのしっかりしたおかずものが多い。

三原にある『母子家庭』というスナックは、名前のインパクトで有名だが、インパクトがありすぎて入ったことがないという人も多い。西表《いりおもて》出身の元気がいいママがひとりで切り盛りするこの店は、ビールも泡盛一合も千円。「計算しやすいさー」とママは笑う。ちょっと高いか？と思う人もいるかもしれないが、ママは必ず毎日市場へ行って刺身を仕入れると決めている。新鮮な刺身を出してくれるのだ。つまみはだいたい三品くらいは用意している。ときには、しっかりと煮込んだてびちをつくって出してくれることもある。刺身だろうがてびちだろうが、つまみはお金をとらない。サービスだという。そう考えると、トータルでは決して高くないなと思えるのだ。

暑い夏には帰り際に冷やしソーメンを出すこともあるという。これもサービス。「帰る十分前に声かけてねーといって出してあげたのに、おいしいからといっておかわりしていく人もいるんだよー。帰るっていったから出したのによー」とママが笑いながらぼやいていた。楽しく飲んでお腹もいっぱいになれる店だ。

この『母子家庭』も立ち退きの憂き目にあった。そのときはママ自身もいい節目と思っていたので、立ち退き料などはほとんど受けとらず一度店を閉めた。その後、いろいろあったのだが、八カ月後、ふたたび三原に『母子家庭』の看板を掲げた。

三原にあるスナック『母子家庭』

お店再開だ。立ち退きにあった以前の場所からは十メートルほど離れただけなので、その道をよく通る人にとっては、「店の場所がずれた」と、不思議極まりなかったようだ。名前のインパクトに加え、またしてもミステリアスさを増してしまった。店名は「出戻り母子家庭」に変わったわけではない。以前と変わらず『母子家庭』だ。

このようなたくましさでお店が復活してくれると、応援していてよかったと思うし、「再開してくれてありがとう、そして嬉しい」と素直に喜んでしまう。

沖縄へ行ったなら、立ち退きと高齢化という二大不安要素を抱えているスナックも、ぜひ一度体験してほしい。内地のスナックとは明らかにどこか違うと感じられると思う。国際通りからも近い桜坂や神里原《かんざとばる》にはおばぁスナックが多い。そして立ち退きにあった店も多い。以前店があった場所が駐車場になっているのを見ると、切なくなると同時に、その理由がまったく理解できないのだが……。

栄町のスナックに行きたければ、老舗の『炭火焼鳥 二万八千石』で飲み食いをしたあとで店主に聞いてみるのもいいかもしれない。もしかしたら安全かつおすすめの店を教えてもらえるかもしれない。

食堂もスナックも、なくなってほしくない店はたくさんある。それはこちら側が勝手に愛してしまったから感じることなのだろうか。高齢化による後継者問題は諦めざるをえないかもしれないが、再開発で店をつぶしていくことには賛成できないことが多い。再開発が必ずしも町を再生させるとはかぎらないと思っている。

食堂やスナックのように店舗がなくなる場合もあるが、再開発は広範囲にわたる。エリア一帯がつぶされる場合もあるのだ。

国際通りからも近い桜坂は、いまでも「桜坂社交街」というアーチが架かっている飲み屋街だ。国際通りにある『てんぶす那覇 那覇市ぶんかテンブス館』と『ホテルパームロイヤルＮＡＨＡ』の間の太い道路を進んだ先の左手に広がっている。かつてはちょっと影に隠れた細い道にお店が連なっていたのだが、道路が開通してこのあたり一帯の雰囲気を変えてしまった。小路に密やかに建っていた店が大通りに剥き出しにされてしまったのだ。

この道路は牧志壺屋線といって、開南のほうまで延びる。壺屋の近くには、やはりおばぁスナックが建物の裏道で寄り添うように軒を連ねていた神里原という小さな飲み屋街がある。あった、といってもいいかもしれない。いや、店はいまでもいくつか営業しているのだが、ここもやはり桜坂同様、裏道に隠れていた店が表通りに剥き出しにされてしまったのだ。立ち退きにあった店も多い。

こうなると角の一軒の店をなくすという話ではなくなってくる。愛されてしかるべきいくつもの店を潰して、太い道路を通す。小さいかもしれないが歴史ある店がなくなっていってしまうのだ。桜坂も神里原もいまでもたくましく営業している店はある。そういう店はいつまでも応援したいと思う。

また、観光客がたくさん訪れる牧志《まきし》公設市場からさらに奥へ進むと、観光客がほとんど訪れない農連市場がある。ここも再開発でなくなってしまうことが決定している。正確には姿を変える、か。

一九五三（昭和二十八）年に開設された農連市場は、現在までその姿をほとんど変えずに続いてきている。でこぼこのコンクリートの地面と、ところどころが段ボールで修復されたトタン屋根、座り込んでユンタクするおばぁ。たしかにすべてにおいて老朽化が進んでいる。しかしこの景観は文化的遺産といえなくもないのではないだろうか。農連市場内のユンタク処と書かれた椅子に座っておばぁたちを見ていると、しみじみそう感じてしまうのだ。

毎朝毎朝ここへ来てナーベラー（ヘチマ）やゴーヤーを売っていたおばぁたちのエネルギーがこの空間に残留思念のようにある、とはいいすぎだろうか。

老朽化という大義名分を立てて、都市基盤整備の再開発が行われる。二〇一五（平成二十七）年には着工され、市場周辺から潰していくことが決定したという。三年後には、不粋なビルが建っているのだろうか。

再開発は粋を殺すようなものだ。

数年前『嶺吉食堂』のお母さんがいっていた。

「こういう古い建物の食堂だからみんな安心して入りやすいんでしょうねー。新しく改築したらこんなにお客さん来ていないかもねー」

聞きながら、ぶんぶんと首を縦に振ったことを覚えている。

旅のはじまり　自分だけの定番癒しスポットへ

こいけ　たつみ（弾丸トラベラー）

仕事の都合で長期休暇がとれないため、沖縄本島への旅は一泊の弾丸ツアーが多い。でも時間がないからといって、あれもこれも詰め込むようなことはしない。そして、沖縄本島に訪れると必ず立ち寄る隠れ家がある。そこでまず、ゆるりと島時間を楽しむのだ。

早朝の便で羽田空港を発ち約二時間、そろそろ那覇空港に着陸という機内アナウンスの頃、遠方には伊是名《いぜな》島・伊平屋《いへや》島が見えてくる。そして眼下には碧い海に伊江《いえ》島・瀬底《せそこ》島が浮かんでいる。もうすぐ那覇空港に到着だ、ということの瞬間が好きでたまらない！

到着後、すぐにレンタカーを借りて南部へ向かう。窓を全開にして、島の香りを浴びながらドライブ。約三十分で、目的地の八重瀬町友寄《やえせちょうともよせ》にある『陶冶処《とうやどころ》風庵《ふうあん》』に到着だ。

風庵は、静かな住宅地に佇む戦後の赤瓦古民家で、琉球の食（クスイムン。

沖縄方言で「薬になるもの」の意。この場合体にいい食べもののことを指す）と琉球の焼き物に出合える隠れ家だ。

風庵で使われている器は、すべて読谷山焼《よみたんざんやき》『大嶺《おおみね》工房』さんの作品。沖縄の食材のよさをシンプルに生かし、この器に料理を載せておもてなしをする。これが「陶冶処」と謳っている理由だ。

玄関を入ると伝統的な琉球家屋に大嶺工房さんの作品たちが並べられている。そして店主の金城男《きんじょうだん》さんが、「お帰りなさい」と迎えてくれる。いつも通りゆるりとした時間が流れている。カウンター席に案内され、ここから男さんのおもてなしがはじまる。

私がはじめて風庵を訪れたのは二〇〇六年十月。このときに男さんから「右利きですか、左利きですか？」と聞かれたことを覚えている。私は左利きで、それは手元箸を用意してくださるためだとすぐに気づいた。以降、席に着くとさりげなく箸を左利きの向きで用意してくれる気遣いが、とても嬉しい。

お料理は〝だし〟からはじまる。黄金色のだしが器に注がれる瞬間、カツオの香りがふわっと空間に広がる。「これからお出しするお料理のだしです。まずだしだけで、お召し上がりください」と男さん。

口に含むと軟らかくもコクがある風味が、いっぱいに広がる。

次に登場するお料理は、島バナナをベースにしたゴーヤーやパッションフルーツのスムージー。優しく浄化されている気分になる。そして、ズッキーニ、トマト、ハンダマの野菜寿司。季節により野菜の種類は異なるが、器には、必ず庭に咲く花が添えられ、器とお料理の調和がとても美しい。幸せだ。

「大好きな器を使ってお食事をすると、幸せな気持ちになれる。日常の最高の贅沢です」と男さんがいう意味が、理解できる。

また、お料理一品一品について、素材について、やさしく説明してくれることも嬉しい。

そして、メイン。厚みのある大嶺工房さんのプレートに存在感のある炙りソーキ。こちらはお箸でいただくより手でかぶりつく！　香ばしさと肉の旨味がたまらない。

最後は、はじめのだしを使った椀物。麺は、男さんのこだわりオリジナル如意麺で、細麺・太麺・平麺がある。まずは、カツオだしのままで。そして、少し食べたらコーレーグースを入れて楽しむ。そのあとにラー油を、と三種類のまったく違った風味を楽しむことができる。だしが最後まで透明なのは、男さんのこだわりの証だ。

デザートは、パンプキンペースト添えのヨーグルトケーキとコーヒー。パンプキンペーストは、ぜんざいにしても絶品だけど、酸味が利いたヨーグルトケーキとも抜群の相性だ。

器やお料理のこと、友人のことなどを話しながらお食事をいただく至福のとき。この時間が大好きで、風庵に来てしまう。

「気をつけて、行ってらっしゃい！」と見送られながら、風庵をあとにする。


那覇市内に戻り、ホテルにチェックインしたあと、ぶらりと街中を歩く。街中といっても混みあっているメインストリートではなく、表通りから見えない、家々の間にある狭くて曲がりくねったスージグヮー（小道）だ。この道は、たぶん昔からあまり変わっていないのだろう、背丈ほどある塀は緑で覆われ南国の花で彩られている。

歩き疲れてひと休みするのは、ニューパラダイス通りから細い道を入ったところにある『珈琲屋台　ひばり屋』だ。ここは地図を持っていても気づかないような細い道に入らないと辿り着けない隠れ家。緑に囲まれたスペースには木製のベンチとテーブルが置かれ、コーヒーマイスターの辻佐知子さんが、屋台形式でコーヒーを提供してくれる。

陽射しが強くても木陰の下では心地よい風が吹いている。青い空に浮かぶ雲を眺めながら、ゆっくりとおいしいコーヒーをいただく。時間に追われる日常を忘れ、ゆるりとしたときをおいしく過ごす。贅沢な時間だ。

このふたつの隠れ家から私の沖縄の旅が、はじまる。

■陶冶処　風庵
【住所】島尻郡八重瀬町字友寄108
【電話】098―996―0020
【営業時間】昼12時～・夜18時～
【定休日】火曜日・不定休
●「風まかせ」約2時間、お一人様4800円
●風まかせをベースに時期のモノや珍味を織り交ぜた「おまかせ」約2時間半～3時間、お一人様6000円～。
●夜18時以降は一棟貸しでひと組のみ〝赤瓦屋2時間半貸し切り〟のご案内となります。品書きは「風まかせ」のみのご案内で、最大八名様迄。
●昼・夜共に要予約。
●実際に食事でご利用いただいた器類の販売も承ります（20％オフ。二〇一四年七月現在）。

■珈琲屋台 ひばり屋
【住所】那覇市牧志1-2-12(理容たかまつ裏)
【営業時間】11時30分~19時
【定休日】悪天候・不定休

第九章

在住者がすすめる週末沖縄

なるべく金をかけずに子供を喜ばせる穴場スポット大紹介！

平良《たいら》竜次

沖縄はとにかく子供が多い。

二〇一二年に厚生労働省が発表した都道府県別の合計特殊出生率、わかりやすくいうと、女性ひとりが生涯に産む子供の推定人数なのだが、沖縄は一・九人と堂々の日本一！　ちなみに全国平均は一・四一人というのだから、いかに沖縄が子供たちであふれているかわかるだろう。

それと同時に、沖縄は日本一の貧乏県でもある。就業世帯のうち所得水準が最低生活費以下の世帯（貧困就業世帯）を示すワーキングプア率が二〇・五パーセントと、二位の大阪一一・三パーセントを圧倒的に引き離すという、あまり嬉しくない状況がずっと続いている（二〇〇七年、山形大学調べ）。

かくいう自分もそんなお金のない沖縄のオトーサン。休みのたびに、中学一年生の長女、小学五年生の次女、二年生の三女から「どっか連れてってー、ねーねーねー」と、おねだり攻撃にさらされている。親というのはいつの時代も辛いものなのだ（しみじみ）。

金がないなら知恵を絞るしかないわけで、なるべくお金をかけないで子供たちが遊べるスポットはないかと日々情報収集にいそしんでいるのだが、これが意外とあるのですよ。

まずご紹介するのは沖縄本島中部、うるま市にある『ミニミニ動物園』。

三女を連れていったのだが、これがもう予想外のことだらけ！ミニが二回も続くのだから、さぞや小さいのだろうと思ったら大間違い。広い敷地にはリスザル、ダチョウ、ワラビー、エミュー、アルマジロ、リクガメなど、なかなか間近に見ることのない珍しい動物から、ロバ、ウマ、ヤギ、ウサギ、ニワトリにブタさんなど「ただの家畜じゃね？」な生き物まで、何十種類もの動物たちがワンサカ。三女は興奮して走りまわり、動物をまじまじと眺めては「可愛い～」を連発。オトーサンも鼻高々なのだ。

さらに驚くべきは入場料がいらないということ！何時間見ても無料！動物に触っても無料！とにかく無料なのだ。三女よ、思う存分楽しむがよい！

それにしてもお金をとらないなんて経営大丈夫……？と心配になったが、そこにはちゃんとカラクリが。この動物園、「ズケラン養鶏場」なる養鶏業者の施設で、敷地内に新鮮なとれたて卵と、それを使った手作りスイーツを販売するショップ『たまご屋』を経営している。動物園の運営はこのショップの収入でまかなっているというワケ。そのスイーツも子供の顔ほどの大きさがある「ビッグシュー」が一個百二十円とリーズナブル。三女も口いっぱいに頬張り恍惚の表情である。お財布の中身を気にせず、動物と甘い物という子供の二大好物を十分堪能できる、ステキすぎる動物園なのだ。

続いては思春期真っ盛りの長女が大満足したスポットを紹介したい。

皆さんご存知、沖縄本島北部、本部町の『美《ちゅ》ら海水族館』……は子供六百十円、大人は千八百五十円もとられるのでパス！　長女は「オヤジふざけんなよ……」といいたげな冷たい視線をビシビシ投げかけてくるが、ここはググッと我慢。同じ国営沖縄記念公園内にある「オキちゃん劇場」に連れていくことにした。なにせここは無料なんだから！

「オキちゃん劇場」は一九七五年に開催された「沖縄国際海洋博覧会」時に好評を博したイルカショーをそのまま受け継いだもの。二〇一〇年には施設がリニューアルされ、青い海と伊江島を背景に迫力あるイルカたちの勇姿を楽しめるようになった。最初はムスッとしていた長女も、オキゴンドウやミナミバンドウイルカたちのプロフェッショナルなショーに目をきらきら輝かせはじめる。イルカがジャンプした際の水しぶきを真正面から被ったときなんて、「キャーッ」と歓声を上げて大喜び。いつもこれぐらいニコニコしてくれていたら可愛いのになあ……。

ほかにもイルカを間近で観察できる「イルカラグーン」やプール内のイルカをガラス越しに見られる「ダイバーショープール」など、可愛いイルカたちとたっぷり触れあえる。反抗期の荒れた心もイルカちゃんに癒されること請け合いなのだ、たぶん。

意外な穴場といえば、世界遺産「首里城跡」「園比屋武御嶽石門《そのひゃんうたきいしもん》」「玉陵《たまうどぅん》」を擁する国営公園「首里城公園」で行われているスタンプラリーはどうだろう。

まずレストセンター「首里杜館《すいむいかん》」でスタンプを押すフライヤーを受けとってゲーム開始。園内の各所に設置された二十五カ所ものスタンプ台をまわる。そのうち十一カ所以上のスタンプを押すと、無料で記念シールをもらうことができる。ちなみに、スタンプ台の設置場所には「首里城正殿」という有料区域もあるが、ここを避けても記念シールをもらえるのでご安心を。

試しにうちの次女にやらせてみると、最初は「つまんなーい」と不満タラタラだったのが、ひとつ、またひとつとスタンプを押すごとに夢中になりだし、後半は次のスタンプ台に全速力で向かう次女。オトーサンは追いつくのがやっと。一時間以上かけて無事シールもゲットしたときはなんともいえない満足げな表情をした次女なのであった。さらに後日、スタンプが押されたフライヤーを眺めては「この〝ちえいだい（日影台）〟というのは日時計なんでしょ？　それと〝えんかくじ（円覚寺）〟はお寺だったんだよね」と琉球王国の歴史にも興味が出てきたらしい。意外に教育的効果が高いゲームなのだ。

ほかにも全長九十メートルのローラー滑り台やアスレチックなどの遊具が充実している『浦添《うらそえ》大公園』（浦添市）や、人工衛星の追跡を行うJAXAの施設『沖縄宇宙通信所』（恩納《おんな》村《そん》字屋富祖《やふそ》）。沖縄都市モノレールや戦前の沖縄を走っていた鉄道の資料が展示されている『ゆいレール展示館』（那覇市字安次嶺《あしみね》）。沖縄の銘菓の成り立ちや作り方が見られる『ちんすこう博物館』（那覇市松尾）など、無料でたっぷり楽しめるスポットがあるので、ぜひ遊びにいってほしい。

■ズケラン養鶏場　ミニミニ動物園
【住所】　うるま市赤道660
【電話】　098-973-4323

【営業時間】８時30分〜19時（月〜土）／９時30分〜18時30分（日）
【定休日】年中無休

■オキちゃん劇場
【住所】国頭郡本部町字石川４２４　海洋博公園
【電話】０９８０−48−３７４８
【イルカショー開演時間】11時／13時／14時30分／16時／18時（※）
【ダイバーショー開演時間】11時50分／13時50分／15時30分（※）
※最終のショーは夏期３月〜９月のみ開催。
【定休日】12月の第一水曜日とその翌日

■首里城公園
【住所】那覇市首里金城町１−２
【電話】０９８−８８６−２０２０
【営業時間】８時〜18時30分（閉園時間は時期によって異なる）
【定休日】７月の第一水曜日とその翌日

沖縄の週末は公園が賑わっている

嘉手川《かでかわ》 学

週末は公園へ行こう。沖縄には「公園デビュー」という言葉はなく、いつでも誰でも好きなときに好きなように使うことができる。もちろん公園には「主」のような人物もいないので小さい子供連れでも安心して遊べる。というか、公園のような公共の場所に我が物顔で仕切る人間がいたら、むしろそういう人間こそ周囲の人から白い目で見られるのである。

沖縄にはいろいろなタイプの公園があり、今回はそのなかから利用する人の数ではなく行ってみたくなるような公園を紹介する。

地元で愛される地域密着型公園

まず最初は、地元の人に愛されている『大石森公園』。那覇市がつけた正式名称は『大石公園』で、「森」をとってしまっている（実際に公園の一部の鬱蒼《うっそう》とした樹木や茅などが繁茂した場所が伐採され明るくなっているけど）。ここはもともと

ヤギのいる『大石公園』

小高い丘の上に大きな石が鎮座した広場で地元では「大石毛《うーしーもー》」と呼ばれていた（「毛」はウチナーグチで広場などのこと）。

公園の敷地は意外と広くグラウンドやテニスコート、ゲートボール場、遊歩道などがあり、いまでは大学生になった息子が幼稚園に通う前、毎週末になるとこの公園に来てコンクリートでできた壁面のような（子供にとって）巨大滑り台をはじめ、ブランコやシーソー、数種類のアスレチック遊具などで遊んでいた。余談だが、息子が小学校四年生のときに野球部に入るとこの公園が練習場所で、週末になると野球部の父兄として監督やコーチを手助けするため公園に来るようになっていた。

公園内には一年を通して色とりどりの花が咲き、一部放し飼いされたヤギが二十頭ほど飼われていて、いつでもエサをあげたり触れあったり見ることができる。四月からゴールデンウイークにかけて約六千株のテッポウユリが、十月中旬には約二万本のヒマワリが咲き誇る。四月初旬になると地元の有志による「大石公園ゆり祭り」が行われ、たこ焼きや焼きそばなどの屋台が出て、地域の人たちが民謡やカラオケを歌ったり、踊りなどのステージが盛り上がったりしている。

平日は地域のお年寄りやボランティアによる公園清掃や花壇の手入れが行われており、週末になると子供連れで賑わう、「わ」ナンバーの車、つまりレンタカーがほとんど来ない地域の人に愛されている公園である。

地元の人もほとんど来ない哀愁のある公園の魅力

続いて紹介したいのが那覇市金城町《きんじょうちょう》にある『がじゃんびら公園』。ガジャンビラとは公園周辺の地名で、直訳するとガジャンが「蚊」、ビラあるいはヒラは「坂」という意味。昔話によると、かつて沖縄には蚊はいなかったけれど中国に留学したある男が、耳元で「ブーン」と鳴く虫の音色に魅せられて、箱いっぱいに詰めて沖縄に戻ったとき、この坂の途中で転んでしまい、なかの虫が沖縄中に広がってしまったため、ここをガジャンビラと呼ぶようになったという。

そんないわれのある『がじゃんびら公園』は那覇市金城の外れの高台にあり東西に約五十メートル、南北約五百メートルと細長く、天気のいい日には那覇港が一望できる。夜景が綺麗なので夕方から夜にかけてカップルが来ることはあるけれど、遊具がなく遊歩道しかない公園は週末の昼間でもほとんど人影はない。

地元の人にもあまり知られていないけど、この公園の一画には美空ひばりの『花《はな》風《ふう》の港』の歌碑が建っている。千五百曲にも及ぶ美空ひばりの歌のなかで唯一、沖縄をモチーフにした歌といわれているのが『花風の港』で、歌碑の建立には沖縄出身の一人の女性の思いが詰まっているという。琉球新報の記事（一九九六年十二月九日付）によると「『ひばりの歌は戦後の復興に立ち上がる人に勇気を与えた。碑をつくり、悲惨な戦争のあった沖縄から平和を発信させたい』として、歌碑建立を提案し実現に尽力した歌手の石原エミさんは『平和の幕開けにしたくて今日を選んだ。九カ月間、那覇市に要請したり、東京のレコード会社や関係者に会ったりと大変だったが、いろんな人の協力があってこの日が迎えられた』と喜んだ」とあり、歌碑は一九九六年に建立されている。

歌碑の前のスピーカーから『花風の港』と『愛燦燦《さんさん》』が流れる。ジッと我慢して二曲聞いたあとに公園を歩いていると、ナゼかオフコースの『秋の気配』という曲が頭のなかに流れてきた。

明るく多くの人がいろいろ利用している新都心にある公園

最後におすすめするのが、週末に限らず平日でも朝も昼も夜も多くの人が利用している大人気の「新都心公園」。県内最大の商業地にあり、公園周辺には県内でもトップクラスの品揃えの地元のショッピングセンター『サンエー那覇メインプレイス』や『沖縄県立博物館・美術館』、『ヤマダ電機』、那覇市役所銘刈《めかる》庁舎、ホテル、レストラン、ディスカウントショップ、さまざまな飲食店が軒を並べている。そのために、公園に来たついでに映画を見たり買い物をしたりする家族連れも多い。

公園内には中央に芝生の広場があり、そのまわりの木陰にはそこを囲むようにテーブルとベンチがあり、天気のいい週末に弁当を広げて食べている家族連れも見られる。テニスコートや多目的広場、スケートパーク、3ON3コート、小さい子供用のカラフルな遊具、使い方しだいで遊び方が広がる面白遊具、ぶら下がり器や足つぼ刺激歩行路など健康増進器具などがあり、公園の周囲はジョギングやウォーキングをする人の負担を考慮したラバー舗装路があり、小さい子供から大人まで一日中飽きることなく過ごすことができる。

また、ゆいレールのおもろまち駅から公園まで幅十五メートル、長さ約二千メートルの緑地歩道の「新都心水の道ゾーン」になっていて、途中に霧噴水が噴き出す場所は暑い日には絶好の涼み場所になっている。霧噴水は十時から二十二時まで十五分間隔で噴出し、十時から二十時までは一時間ごとにチャイム演奏が流れる。日没から二十二時まではライトアップもされ、夏の夜を楽しむことができる。

公園内のあっちこっちでストリートダンスの練習をするグループもいて、それを見ているだけで時間をつぶすこともできる。とくに「水の道ゾーン」では、多くのグループが集まって練習するときもあり、グループごとのダンスの違いを見ることができる。毎年十月には「那覇フェスタ」が行われ、フリーマーケットや屋台で賑わい、特設ステージでは創作エイサーの演舞やダンスコンテストが行われている。

■大石公園
【住所】那覇市識名1―22
【駐車場】あり

■がじゃんびら公園
【住所】那覇市金城1－4－1
【駐車場】なし

■新都心公園
【住所】那覇市おもろまち3－2－1
【駐車場】あり

沖縄滞在パターン

高倉直子（壺屋ガーデンハウス管理人）

国際通りや牧志公設市場へも徒歩で行ける那覇市の壺屋で、地元の人でもわからないようなスージグヮー（小道）にひっそりと佇むウィークリー・マンスリーマンションを二〇〇五年から経営しております。

そんな場所に好んでご滞在してくださるお客さまは旅慣れた方から、沖縄に足繁く通うひと癖もふた癖もある沖縄マニアのお客さまだったり、ひとりで来たけれど帰る頃には「一度会ったら皆兄弟」な沖縄の洗礼を受けてしまって、前述の沖縄通い（マニア）への第一歩を踏み出したお客さままでさまざまです。また、凍える冬や花粉の季節は沖縄で過ごされる方、東日本大震災後に体調不良や精神的負担から定期的に沖縄に滞在し体調と心の状態を整えている方など、皆さまそれぞれの理由で沖縄に足を運んでいらっしゃいます。

どのような理由であれ滞在者にいえるのは「過ごしているのは旅の時間である」ということ。そして皆さんに共通しているのは、迷子になったときに道案内をしてくれた地元の人や、食堂やカフェ、赤提灯の光の下でたまたま隣り合わせに座った旅人同士だったり、「一度会ったら皆兄弟サー」と人懐っこく話してくるウチナーンチュだったりと、滞在中にどこかしらで出会いがあって、笑顔で言葉を交わしあっているということです。

よくお客さまがおっしゃるのは、「地元でこんなに知らない人と話したり出会ったりしないけれど、沖縄では一日で自分の地元での一週間分の人と話すよね」ということです。

私のマンションに滞在するお客様は、皆さま本当にマイペース。グループや家族旅行で来る方より、ひとり旅で来る方が断然多いです。

さてどのように沖縄の時間を過ごされているのでしょうか？

実は意外と、「地元ですることを沖縄でする」という人が多いのです。

ぶらぶらっとやちむん通り（壺屋の焼き物の通り）や牧志公設市場付近を散策して、気に入ったコーヒーショップでお茶をして、「おかえり〇〇さん！」と声をかけてもらうのです。沖縄では一杯二百円のコーヒー屋の店員さんもちゃんと顔と名前を覚えてくれているところが多いのです。

ユンタク（おしゃべり）をして、その後、向かいのお惣菜屋でつまみなんかも買って腹ごしらえ。

では、と次に向かう先は理髪店。

沖縄にやってきて散髪、髭剃り……なんですよ！（笑）

すっきりしたところで映画観賞。那覇には桜坂劇場というミニシアターがあります。昔観たけれど家ではなくてまた銀幕で観たいと思わせるような、名画やドキュメント映画にB級映画が上映されています。その面白いセレクションは、地元民のみならず県外からのファンもとても多いのです。会員になると無料鑑賞券や割引券が何枚もついてくるので、滞在中に何度も映画館に通われる方多し、なのです。

また、この映画館、エリア一帯の飲食店ともコラボして音楽フェスを開催することもあるので、タイミングが合えば映画のみならずライブまで楽しむことができます。「アサイラム」というミュージックフェスのときは多くのアーティストがいたるところでライブをするので、その時期を狙ってくる方も多いようです。

話がずれましたが、都会の喧騒のなかで毎日忙しく生活をされている方にとって、南国ならではののんびりとした空気のなかで、市場を行き交う人々の活気や、情緒ある焼き物の通りなどを、徒歩で楽しんでいる方がとても多いようです。地元での散歩と同じですね。

そして何度か沖縄に来られている皆さんは、観光客がたくさん来ている飲食店にはほとんど行かれません。

自分の好みの店主がいるお店を見つけていらっしゃる。それは、偶然入ったお店がすごくお気に入りの一軒になることもあるし、利き酒師のように穴場のお店を紹介している目利きのブロガー情報を頼りに入って、そのお店が自分にとってどんぴしゃで、夜な夜な何軒もはしごしてしまうこともあるようです。

そうなると店主や常連客との再会が楽しくなり、沖縄の友人に会いにいくことが目的になってくるという方も大変多いですね。

近年とくに熱いのが栄町市場内の飲み屋です。

そこでは、地元の仕事帰りのサラリーマンにOL、移住者に旅行者が、狭いお店のカウンターに並び、楽しそうに身の上話から難しい話までを語っているのです。マンションの受付にいる私に「こんな出会いにいたく感銘した」と話してくれるお客様が沢山いらっしゃいます。馴染みのお店に出会って通う、そこでの人との出会いがまた新しい出会いへと発展。

沖縄の旅は人と人とのつながりが濃厚なのですね。

そしてここ一、二年で大変増えたのが、沖縄に学びにやってくる方です。三線や琉球茶道、陶芸を学ぶために滞在されています。

もともと沖縄音楽が好きで沖縄に通ううちに、三線の師匠と出会って習いはじめる人や、なんだかなりゆきで三線をはじめたらはまりにはまってしまい、休暇のたびに沖縄へ習いにくる人、そして上達して民謡から古典音楽、琉球舞踊までを学ばれている方もいます。

最初は旅行の沖縄だったのが、学びの沖縄へと滞在スタイルが変わるパターンです。三線の検定試験などもあり、地元でしっかり練習に励まれて受検される方もたくさんいます。

また、那覇には壺屋という焼き物の町があるので、陶芸教室に通いながら自宅や贈り物に手作りの器をつくられる方もいます。なかには趣味が高じて地元で個展を開催される方もいて嬉しい便りを送ってきてくれます。あまり知られていませんが、世界中から琉球空手を学びにこられている外国人の滞在もとても多いのです。

癒しの島・沖縄などと謳われていますが、どうやら沖縄の魅力はそれだけではなく、島のパワーはもちろんのこと、人と人とのつながりが沖縄を訪れる人を魅了し、その結果、一度だけではなく何度も何度もこの島に足を運ぶことになるのでしょう。

女子にもおすすめのパワースポット自転車めぐり

及川真由美

「沖縄でサイクリング」……といっても、この言葉にピンとこない方が大半かもしれません。沖縄に一度でも来た方ならご存知だと思いますが、本島内での交通手段はバスやタクシー、レンタカーなど車が主流です（那覇市内ならば、ゆいレールもありますね）。また、ウチナーンチュは、どこへ行くにも（近場のスーパーでさえも）大概マイカーを利用するのはごくごく普通のこと。ですから、本土に比べて自転車の所有や利用率は低いかと思われます。私はといえば、部活動の早朝練習を強いられていた高校時代に一時期所有していましたが、通学の際に使う程度でしたし、大学入学前に運転免許を取得して以降、おもな移動手段はやはりマイカーでした。

そんな沖縄ですが、ここ最近（二〇一〇年くらいから？）、自転車で通勤（通学）している人を目にすることが多くなりました。私の友人や知り合いにも自転車を利用、もしくは所有しているという人がちらほら。また「ツール・ド・おきなわ」「おきなわECOスピリットライド&ウォーク」「美ら島オキナワ Century

Run」など、サイクリング大会なども年々注目を集めていて、沖縄本島や離島のあちらこちらで開催しています。

そんなことから、観光スポットをサイクリングでめぐってみようという一日旅。おすすめする旅の舞台は、那覇空港から車で四十分ほどの距離にある、沖縄本島南部・南城市。市の地形がハートに似ていることから、ロゴマークはハイビスカスの花びらをモチーフとした愛らしいハートの形。また市公認のマスコットには「なんじぃ」といって、地元では人気のゆるキャラがいます。機会があればチェックしてみてください。そんな南城市内でのサイクリングは、電動自転車の貸し出し（有料。事前予約が必要）を行っているがんじゅう駅からスタートします。この施設では南城市の特産品が販売されていたり、体験教室も行われているほか、南城市内の観光情報もタッチパネル（外国語にも対応）やパンフレットなどで得ることができます。さらに、施設内には市の観光協会もあるので、わからないことがあれば職員の方に聞いてみるのもよいでしょう。

市内周遊での注目スポットは五つ。まず最初にあげたいのは「斎場御嶽《せーふぁうたき》」。琉球開闢《かいびゃく》（歴史のはじまり）伝説にも現れ、琉球王国時代には国家的な祭事において首里城とも深く関わっていた場所です。地元の人たちは拝所《うがんじょ》として訪れます。沖縄本島最高の聖地とされ二〇〇〇年には世界遺産に登録されています。また、スピリチュアルスポットとしても有名ですね。この斎場御嶽の場所ですが、がんじゅう駅から近く、徒歩でも行けます。自転車を借りる前に訪れてみるのもよいかもしれません。

その斎場御嶽からのコースで、スピリチュアルな場所をめぐりたいという人へおすすめなのが、「グスクロード」と「東御廻り《あがりうまーい》」。まずグスクロードはその名の通り、南城市内に点在する城跡、糸数《いとかず》城跡・玉城《たまぐすく》城跡・ミントン城跡・垣花《かきのはな》城跡を結ぶ約四キロの道のりを指します。各城跡はかの沖縄戦で見る影もないというのが正直なところですが、凛とした雰囲気はまだ息づいているようで、なかでも辛うじて主郭の城門が残っている玉城城跡からの眺めはとても神秘的。古の沖縄に浸るというのも乙かもしれません。道のりの途中には休憩場所として最適な公園もあり、そこからは市内と海が一望できます。

そしてもうひとつの東御廻り。首里城を中心として、太陽が昇る東の方角にある斎場御嶽をはじめとする聖地（霊地）＝拝所めぐりのことです。実は東御廻りの拝所は全十四カ所あり、うち南城市内には十一カ所。なので、すべてをまわるというよりは、サイクリングのコースに応じていくつかの拝所へ立ち寄るとしたほうがいいでしょう。最近は東御廻りのツアーやガイド案内もあります。ちなみに先に書いたグスクロードのミントングスクは、東御廻りの拝所のひとつです。

目的を変えて、南城市のもうひとつの魅力である自然景観。海沿いに面している市なので、サイクリング中ずっと美しい海を望むことができますが、場所によって一層美しさが増して見えるところがあります。なかでも「垣花樋川《かきのはなひーじゃー》」「ニライ橋・カナイ橋」は個人的に好きな場所です。

垣花樋川は丘陵の斜面にある大きな水場です。うっそうと茂る緑に囲まれた石畳の坂道を下りた先にある水場は海に向かって開けていて、田園とその先に海が見え、思わず深呼吸したくなるほどの心地よさがあります。男川《いきがが一》・女川《いなぐが一》と水場はふたつあり、こんこんと湧きでる水は日本名水百選にも選ばれるほど。夏場は地元の子供たちが水浴びをして遊ぶのどかな風景も見られます。また近場にはガジュマルの大木が目印の水場、国指定重要文化財の仲村渠樋川《なかんだかりひーじゃー》もあり、こちらも要チェックです。

次にドライブコースの人気スポットとして必須のニライ橋・カナイ橋。大きくカーブする全長千二百メートルの橋では下りのルートでトンネルをくぐると大パノラマの海が目の前にパッと広がり、晴天であれば、海と空の美しさは圧巻です。サイクリングならではの楽しみ方としては極力ゆっくりと走らせながら、途中停車することもおすすめ。ドライブの一瞬では見られない美しさに出合えます。

今回挙げたスポット以外にも、海沿いの穴場カフェや白砂のビーチ、テーマパーク、久高島へ渡るなど、まだまだいろいろな魅力が詰まった南城市。自分のペースでゆったりとめぐるサイクリングならではの楽しみ方で、ひと味違った沖縄を知ることができるかもしれません。

安里の栄町通りが変わってきている

新崎《あらさき》栄作（『炭火焼鳥　二万八千石』店主）

栄町市場は、いまや観光客も訪れる全国的に有名な場所になりつつあります。朝から昼間は、おばぁが座ってモヤシのヒゲをとっているごく普通の市場なのですが、夜になって八百屋や洋品店のシャッターが閉まると飲み屋がオープンします。その店舗数はここ数年で数倍に増えたのではないでしょうか。

二〇〇〇年代はじめには市場も含めた再開発計画がありました。いわゆる昔のものをつぶして新しいビルを建てようという考え方です。でも栄町市場は商店会長の尽力もあって、自力再生を成し遂げてしまったんです。六月から十月まで行われる屋台祭りや、『おばぁラッパーズ』をはじめとした市場で働く人たちのユニットによるCD発売などで二〇一〇年以降はかなり活性化しています。

実はここ数年で増加しているのは、市場内の飲み屋だけではありません。栄町市場を南側に出ると、角に酒屋がある栄町ロータリーがあります。ロータリーといってもただの十字路ですけど。そこからさらに南に進むと、車も結構走っている栄町通りに突き当たります。

私はその通り沿いで『二万八千石』という焼き鳥屋を経営しています。

この場所は四十年以上前に父親が割烹料理屋を開いたところです。当時このあたりはもともと割烹料理屋がたくさんありました。いまもいくつかある「旅館」は、その頃の名残です。割烹料理を食べて旅館で遊んで、という大人の歓楽街だったのです。太鼓と三線の音が朝まで聞こえていました。

その後バブルが崩壊してから増えたのはスナックでした。町は酔っぱらいだらけです。私が小学生のころは道で寝ている酔っぱらいを跨いで登校するような、決して環境がいいとはいえないアンダーグラウンドな町だったんです。朝も昼も酔っぱらいがいるような町でした。

やがて私は就職して公務員になり、沖縄県内で五年間働いたのち退職。その後バイクで全国へ旅に出て、旅先で結婚、焼き鳥屋でのアルバイト、札幌や京都での修業などさまざまな経験をしたのち、沖縄へ戻ってきました。焼き鳥屋でのアルバイト時代に、料理をつくることと接客の楽しさを知ってしまいました。

沖縄へ戻って、二〇〇二年、いまの場所に『二万八千石』をオープンしました。

当時はまだスナック街で、道に酔っぱらいが転がるアンダーグラウンドな空気は昔と変わっていませんでした。知り合いは十人中九人が、「どうせ開くならほかの場所でやったほうがいい」と反対していましたね。その頃でさえ、まだそんな町だったんです。

二年後、栄町市場に『にはち』（現『ダイニングにはち』）をオープンしました。この頃は栄町市場内の『栄町ボトルネック』さんも『生活の柄』さんもすでに営業していましたが、まだまだ夜はひっそりとした市場でした。若者の姿はほとんどありません。『二万八千石』がある通りは相変わらずスナック街です。

私が『にはち』をやるようになってから、『二万八千石』は母がおでんを出す店として営業していました。

『にはち』にかけてビールを二百八十円で出していたら、ようやく若いお客さんが入るようになってきましたね。

しかし、私は家庭の事情で内地に移ることになって、『にはち』は知り合いに譲りました。『二万八千石』は母がおでん屋として続けてくれました。二〇〇五年のことです。

その後、二〇〇八年に沖縄に戻りました。やはり自分が学んだことを自分の店で実践したい気持ちが強くなったというのが大きな要因ですね。

その頃は市場内も珈琲屋さんができたりして、昼間のコミュニケーションが盛んになってきていました。それでも『二万八千石』がある通りはまだスナック色が強かったですね。観光客が訪れる通りではありませんでした。

それが変わりだしたのは二〇一〇年でしょうか。若い人が通りを歩いているところをこれまで以上に目にするようになってきました。

私は『二万八千石』があるビルにバーを新規開店しました。そしてうちの裏手には『ルフュージュ』という店がオープンしました。そこの店主は昔からの知り合いで、料理の味は間違いないということを知っていたので、必ず流行るという予想はしていました。キャッシュオンデリバリーで、クオリティに見合わないくらいの安さなんです。

同時に栄町市場も全国的に知名度が上がり、市場内外に飲み屋さんが増えてきました。私たちが店を出している栄町通りがさらに活性化したのは、二〇一二年だと思います。

『新小屋（アラコヤ）』というお店がオープンしました。この店の店主も知り合いです。店主が自分の店を出そうと考えているという話をしていたときに、「絶対栄町がいいよ」と誘ったりしていました。自分が店を継いだときとは大違いですよね。

安里、栄町通りの『炭火焼鳥　二万八千石』。並びに『立ち呑み　天麩羅』がある

その直後、空いた店舗を即借りて、『新小屋』はオープン。自分の感覚では、「初登場第一位！」くらいのスタートでした。おいしいから当然です。

二〇一四年、私は『二万八千石』の並びに『立ち呑み　天麩羅』の店をオープンしました。店を任せているのはウチナーンチュの知り合いだけど大阪や京都で和食も刺身も修業してきた料理人で、味はたしかです。沖縄天ぷらではなく、内地の〝和の天麩羅〟を、沖縄では定着しないといわれた立ち呑み形式で出すというのは、かなり斬新だと思います。

ここまでできるようになったのは、

栄町通りが以前のスナック街とは変わってきていると感じているからこそ、なんです。いまでもスナックはありますし、道で、「お兄ちゃん、飲んでいかない？」と声をかけるおばぁもいます。でもその数は私が店を出した頃の五分の一くらいになっています。『二万八千石』や『立ち呑み　天麩羅』、『ルフュージュ』、そしてたぶん『新小屋』も……これら、スナック街に参戦した新規店に来てくれているお客さんの多くは地元の人たちなんです。ウチナーンチュだったり移住者だったり。昔、朝まで酔っぱらいが道に寝ているような栄町通りは、変わりました。まあ、いまでもたまにいますけど（笑）。

観光客が来るようになった栄町市場からちょっと歩いた栄町通りですが、こちらにも少しずつ観光客が来てくれるようになりました。内地からふたりで来たお客さんが、この辺に住んでいるウチナーンチュに囲まれるというシチュエーションで、お互いに仲良くなり話が盛り上がって飲んでいるというパターンもあります。そこからリピーターになってくれる人も少なくありません。ありがたいことです。

この通りに生まれている新しい店は、たしかに沖縄料理を出す店ではありません。でも、店主はウチナーンチュが多いですし、お客さんも地元在住の人が多いと思います。そんななかで飲むのも、旅の思い出になるのではないでしょうか。

昔からあるスナックや旅館がすべてなくなってほしいとは思いません。むしろ残っていてほしいです。そういうアンダーグラウンドな部分と共存しながら、確実に町を活性化させていきたいのです。知り合いの若い人たちが経営している新規店は健全です。そして料理のおいしさで客を惹きつけています。

安里駅近くの空気を感じて、おいしい飲み屋さんに寄ってみるのも沖縄旅の醍醐味かもしれませんよ。

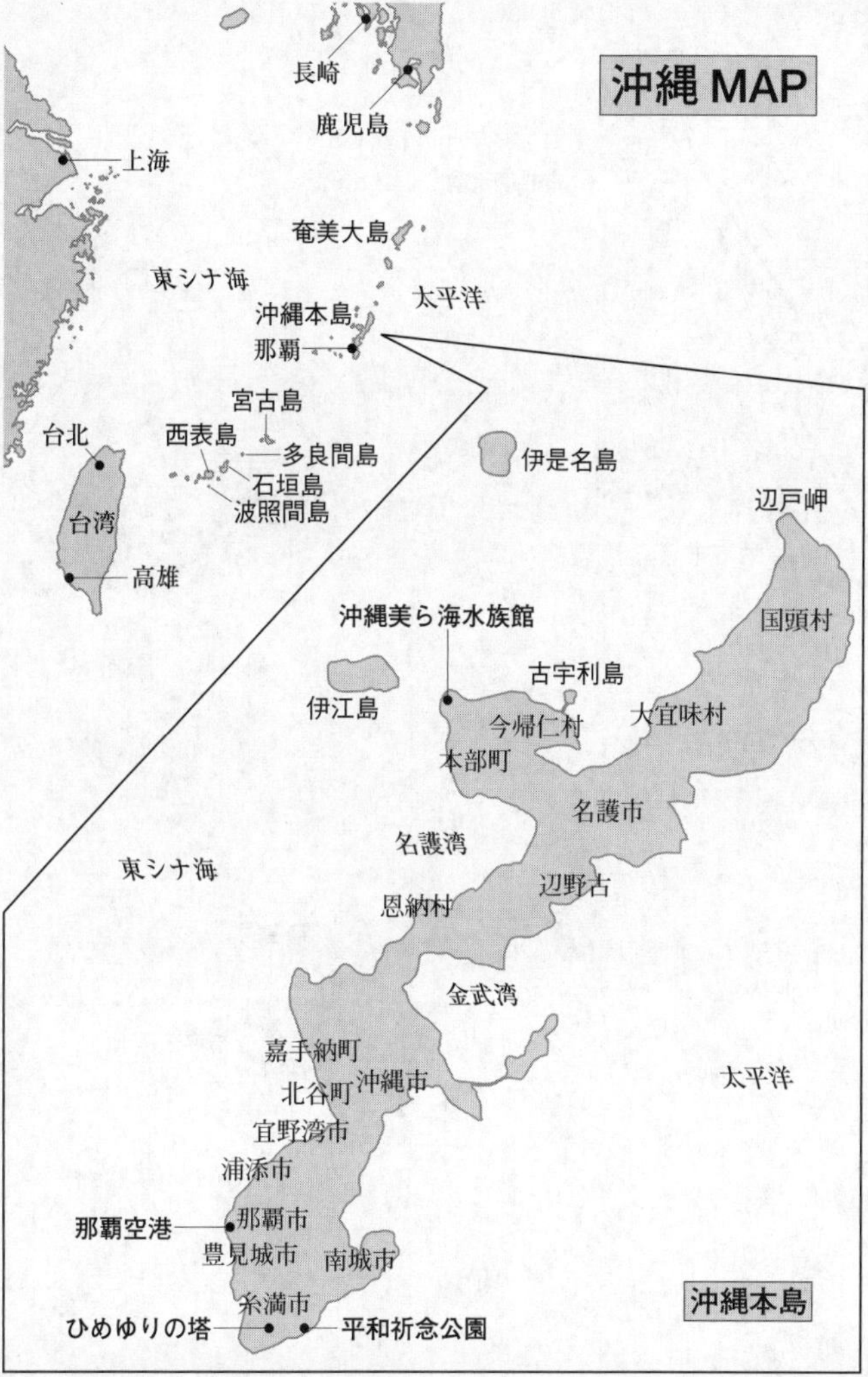

沖縄 MAP
長崎
鹿児島
上海
奄美大島
東シナ海
太平洋
沖縄本島
那覇
宮古島
台北
西表島
多良間島
石垣島
波照間島
台湾
高雄
伊是名島
辺戸岬
国頭村
沖縄美ら海水族館
古宇利島
伊江島
今帰仁村
大宜味村
本部町
名護市
名護湾
東シナ海
辺野古
恩納村
金武湾
嘉手納町
沖縄市
太平洋
北谷町
宜野湾市
浦添市
那覇空港
那覇市
豊見城市
南城市
沖縄本島
糸満市
ひめゆりの塔
平和祈念公園

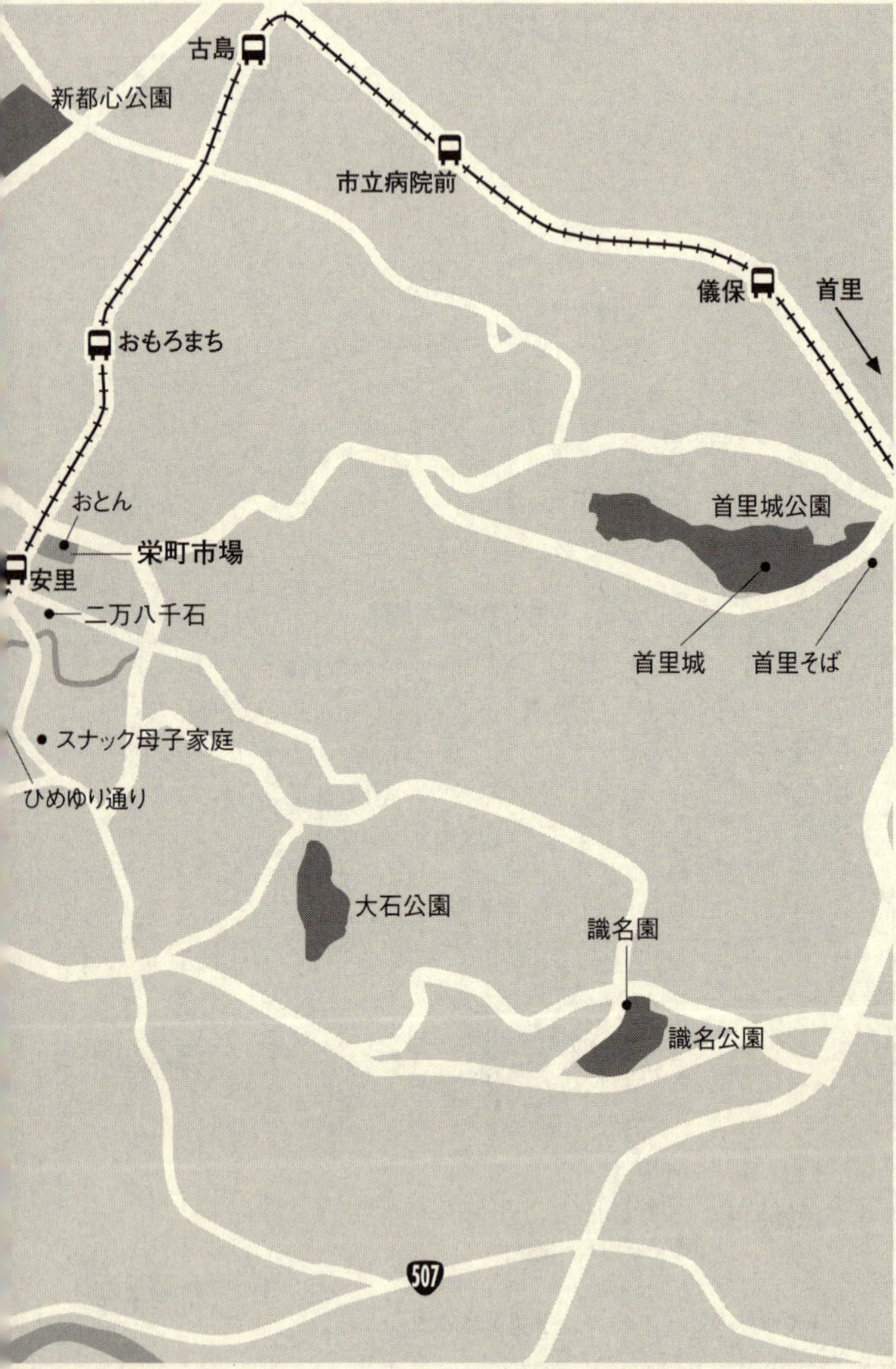
古島
新都心公園
市立病院前
儀保
首里
おもろまち
おとん
栄町市場
安里
二万八千石
首里城公園
首里城
首里そば
スナック母子家庭
ひめゆり通り
大石公園
識名園
識名公園
507

那覇中心部 MAP
0 200m
58
泊港
波の上ビーチ
亀かめそば
美栄橋
ゆいレール
むつみ橋かどや
国際通り
牧志
ひばり屋
田舎
県庁前
第一牧志公設市場
沖縄県庁
旭橋
那覇市役所
那覇バスターミナル
みつ食堂
農連市場
壺屋ガーデンハウス
那覇港
沖縄セルラースタジアム那覇
壺川
がじゃんびら公園
奥武山公園
330
奥武山公園
那覇空港
小禄
国場川

週末沖縄でちょっとゆるり《しゅうまつおきなわ》　朝日文庫

2014年８月30日　第１刷発行
2015年８月30日　第２刷発行

著　者　下川裕治《しもかわゆうじ》
写　真　阿部稔哉《あべとしや》

発行者　首藤由之
発行所　朝日新聞出版
〒104-8011　東京都中央区築地5-3-2
電話　03-5541-8832（編集）
03-5540-7793（販売）
印刷製本　大日本印刷株式会社

Published in Japan by Asahi Shimbun Publications Inc.
定価はカバーに表示してあります

ISBN978-4-02-261806-1

下川　裕治
12万円で世界を歩く
赤道直下、ヒマラヤ、カリブ海……。パック旅行では体験できない貧乏旅行報告に、コースガイド新情報を付した決定版。一部カラー。

下川　裕治／写真・中田　浩資
週末アジアでちょっと幸せ
ベトナムから中国へ国境を歩いて越える。マラッカ海峡で夕日を見ながらビールを飲む。週末、とろけるような旅の時間が待っている。

下川　裕治／写真・阿部　稔哉
週末バンコクでちょっと脱力
金曜日の仕事を終えたら最終便でバンコクへ。朝の屋台、川沿いで飲むビール、早朝マラソン大会。心も体も癒される、ゆるくてディープな週末旅。

下川　裕治／写真・阿部　稔哉
週末台湾でちょっと一息
地元の料理店でご飯とスープを自分でよそって、夜市でライスカレーを頬ばる。そして、やっぱりビール。下川ワールドの週末台湾へようこそ。

下川　裕治／写真・阿部　稔哉
週末ベトナムでちょっと一服
バイクの波を眺めながら路上の屋台コーヒーを啜り、バゲットやムール貝から漂うフランスの香りを味わう。ゆるくて深い週末ベトナム。

朝倉　一善
〝奇跡〟の温泉
医者も驚く飲泉力
ゆったり温泉に浸かって心を癒やし、源泉水を飲んで健康を取り戻す。全国の飲める源泉水ベスト四七を紹介。

岩崎　元郎
ぼくの新日本百名山

四季折々の景色を堪能し、温泉や名所でのんびりと。楽しみながらその醍醐味を満喫できる日本の名山を紹介する。がんばらない山歩きのススメ。

深田　久弥
日本百名山

日本の山登りファン必読の、不朽の名作。大雪、月山、開聞岳……。いずれ劣らぬ名山へと、香り豊かな文章が誘う。〔解説・今西錦司〕

開高　健／高橋　昇写真
モンゴル大紀行

文壇の太公望、幻の大魚を追って蒼穹の大草原へ。巨匠最後の夢の発端となった旅をカラー文庫で記録。司馬遼太郎との対談を追加。〔解説・鯉渕信一〕

カベルナリア吉田
沖縄の島へ全部行ってみたサー

静寂に満ちたビーチを独り占めしたり、民宿やご飯処で出会う人々と交流したり。「リゾートじゃない沖縄」を歩く旅エッセイ。カラー写真も収録。

カベルナリア吉田
沖縄の島を自転車でとことん走ってみたサー

沖縄の一八島二〇〇〇キロを自転車で一周！　時速一〇キロだから見える景色や人々との出会いが満載、自転車乗りも沖縄好きも必読の旅エッセイ。

金久保　茂樹
おいしいローカル線の旅

ローカル線に揺られて景色や温泉、土地の料理を楽しもう。えちぜん鉄道、大井川鐵道、島原鉄道など、一二のローカル線を紹介。

大村　次郷
アジア食文化の旅

醤油、味噌、納豆、塩辛……日本の食物のルーツをアジア常民の食卓に求めた異色のフォト・ルポルタージュ。〔解説・中尾佐助〕

茨木　のり子
ハングルへの旅

五〇代から学び始めたハングルは、魅力あふれる言葉だった——隣国語のおもしろさを詩人の繊細さで紹介する。

藤原　新也
印度放浪

インド世界を独特のカメラ眼とペンで感性ゆたかにとらえた藤原新也のみずみずしい第一作。カラー版。

藤原　新也
西蔵《チベット》放浪

ラマ教社会の森羅万象に鋭い視線を注ぎ、透明な観想空間を案内する天寿国遍歴行カラー版。

山本　容子
パリ散歩画帖

人気銅版画家が伝授する自分だけの旅ノート作り。パリの小路を散歩しながら、旅の思い出をコラージュ。オリジナルポストカード付き。

テッサ・モーリス－スズキ著／田代　泰子訳
北朝鮮へのエクソダス
「帰国事業」の影をたどる

日本政府・官僚、国際政治、赤十字の思惑で、「帰国事業」は始まった。隠蔽された歴史を読み解き、翻弄された人々も描く感動の力作。〔解説・姜　尚　中〕